算数科授業サポートBOOKS

子どもの思考をアクティブにする

算数授業の板書スキル&実践事例

二瓶 亮 著

JN022018

明治図書

はじめに

「子どもの声を大切にする」

　私が最も大切にしていることです。子どもの声を大切にすることは当たり前のことですが，非常に難しく，なかなかうまくいかないことも多いです。授業では，子どもの声に寄り添って授業をしていきたいと常々思っています。板書はその1つの手段です。子どもの声・思考の足跡として板書が存在します。子どもがもつ力を引き出し，引き出された子どもの力（声）を板書に残していく……そうすることで，1人の力（声）は学級全体へと広がっていきます。子どもの心に火をつける問題提示や発問。何も仕掛けなければ子どもがアクティブになることはありません。板書も同じです。意図をもって板書することで，子どもの思考をアクティブにすることができると思います。

　本書に書かれている内容は，私だけが特別に行っていることではありません。様々な研究会に参加して諸先輩方から学んだり，参考書を読んだりして得たことを子どもに還元しようと試行錯誤してきました。諸先輩方の授業スキルを見様見真似で取り入れてみたり，うまくいかないときに自分なりに工夫してみたりした内容がほとんどです。決して新しいことではありません。目の前の子どもとともに算数を楽しもうと試行錯誤してきた記録が本書には書かれています。

　これまでともに過ごしてきたすてきな子どもとの楽しい算数授業の記録が，少しでも算数授業をする先生方の役に立ち，多くの子どもが算数授業を楽しんでくれるきっかけになれば幸いです。

2022年12月

二瓶　亮

CONTENTS

第1章
思考をアクティブにする
板書スキル

スキル 1 吹き出しで，子どもの気付きを見える化する

　子どもの声を板書することで，板書の中にストーリーが見えるようになります。子どもの声を板書する際，特に意識していることが2つあります。

❶単元等で大切にしたい見方・考え方を構想する

　単元や算数授業全般で大切にしたい見方・考え方が子どもから表出されたとき，その気付きや考えを逃さずにキャッチすることが大切です。そのためには，この単元ではどのような見方・考え方を子どもに働かせさせたいのか？ということをあらかじめ構想し，子どもの反応や発言を想定しておくことが必要となります。そういったアンテナを張っているかどうかで，大切なことを逃さずにキャッチできるか，そしてそれを全体に投げ返す（広める）ことができるかが変わります。単元に入る前に確認しておくとよいでしょう。

　3年「時こくと時間」では，「ぴったり（きりのいい数）を作る」「分けて考える」といった見方・考え方や，「1時間＝60分」という既習を引き出し，それらのキーワードを板書することを意識しました。キーワードを想定するときには，「子どもの言葉」でイメージしておくことをおすすめします。

❷子どもの困っていることを可視化して共有する

　また，子どもの困っていることをキャッチして板書することを大切にしたいです。「～だったらできる（分かる）のに……」「どうして～何だろう？」「どうやって～すればいいの？」など，子どもが困っているとき，その裏には大切にしたい見方・考え方が潜んでいることが多いです。

　先程の3年「時こくと時間」では，「くり下がりがあること」「どのように分けて考えればよいか」，「どうしてそのような分け方なのか（50分を30分と20分

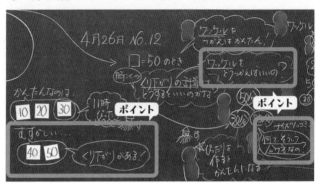

に分けるのか）」といった困ったことが出てきました。分ければいいのは分かったけれど，「どうやって分ければいいのか分からない」という困り方の裏には，❶で述べた「ぴったり（きりのいい数）を作る」ように分ければいいというポイントが隠れています。

　4年「角」の180°を超える角の大きさを調べる学習でも同様です。180°を超えるとき，「分度器は180°までしかはかれない」，「分度器が2枚あればい

いのに……」といった困り方を表出させ，共有しておくことが大切です。「分度器が2枚あればいいのに……」という子どもの思いは，「分ける」という見方・考

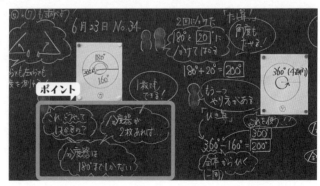

え方の根底にある発想と言えます。

スキル 2 板書の中心にメインの話題を据える

❶中心となる話題を教師が提示し展開する

　その時間の学習で中心となる内容があります。算数では，主に図・言葉・数（式）の３つを関連付けて理解するとよいと言われています。中心となる内容も，この３つのいずれかとリンクするとよいのではないかと考えています。

　中心となる内容を最初に板書する場合もあれば，授業の中盤で出てくる場合もあります。最初に板書する場合は，主に教師側から問題文や図を提示するときに行うことが多いです。

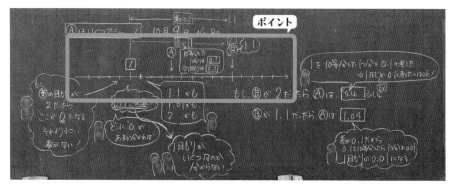

　４年「小数」の学習では，あえて情報不足の数直線を提示することで，子どもが問題に働き掛けることができるよう工夫しました。数直線は２つの数の大きさが決まると一目盛りの大きさも決まります。逆に言えば，数の大きさを１つしか示さなければ一目盛りの大きさは決まらないため，一目盛りの大きさを子どもが「もし～だったら」と仮定することで考える展開にすることができます。このように，教師が意図的に本時のメインとなる学習材を板

書の中心に提示することで子どもの思考をアクティブにすることができます。

❷子どものアイデアを中心に展開する

　一方，授業の中盤でメインの話題が出てくる場合は，子どものアイデアを取り上げる場合が多いです。子どものアイデアを中心に位置付けると言っても，一か八かの丸投げではありません。導入で提示する問題を，「きっとあの子たちならこう考えるだろう」と展開を予想しておくことが必要です。

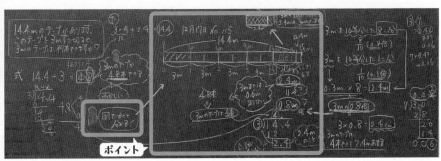

　4年「小数のかけ算とわり算」の学習では，「14.4mのテープがあります。このテープを3mずつ切ると，3mのテープは，何本できますか？」という問題に対して，割り進めることを学習した子どもの多くは答えを4.8本と出しました。この4.8本という答えについては意見が分かれたのですが，「おかしい！　図にすれば分かる」と数人の子が声を上げ，図を通して考えを解釈していくことになりました。答えの4.8のうち，4については全員が理解したものの，残りの0.8については，数の操作だけでは理解が難しいようでした。残りの0.8が表しているものについて考える上で，子どもがもち出してきた図は，全員の理解を助けることとなりました。

　このように，子どもがもち出してきた図（中心となる内容にかかわる学習材は，式や言葉の場合もあります）を黒板の中心に位置付け，子どもが説明したことを「今の○○さんの説明は，この図で言うとどの部分のことを説明していたのかな？」など，メインとなる学習材と関連させるよう働き掛けることが多いです。

比較しやすいように
一列に並べる

❶教師が意図的に並べる

　比較し共通点や相違点を見付けさせたり，きまりに気付かせたりするとき
などに，その対象が離れていたり順序よく並んでいなかったりすると，子ど
もはなかなか教師側の意図に気付くことはできません。その第一歩として，
とてもシンプルですが，比較しやすいように横一列に並べることと，順序よ
く並べるということを意識します。

　徐々に並び替えるということにもチャレンジさせていきたいところです。
最初から子どもに並び替えさせるのは難しい場合もあります。順序よく並ん
でいることによってきまりが見付かったという場面を価値付けておくことで，
並び替えたいという主体性につながっていきます。

　4年「2けたでわるわり算」。わられる数の百の位だけを□として，計算
したときの商とあまりの関係について考える学習です。1か所だけを変数と
することで，並べて考えたときに共通点と相違点がはっきりし，きまりに目
を向けやすくなります。

❷子どもから「並べ替えたい」を引き出す

　並び替えを容易にする工夫も重要です。私は紙にマグネットシート（カットタイプ）を貼り付けただけのものをよく用います。紙に式や図などをかいて，子どもが必要に応じて並び替えたり，移動させたりすることができるようにします。そして，子どもが「並び替えたい」と動き出したとき，その後の発見とともに，「○○さんの並び替えるというアイデアのおかげできまりが見付かったね。順序よく並べることって大切なんだね」などというように，並び替えるという発想（行為）を価値付けます。こういった経験が，また並び替えたいという主体性につながっていきます。

　こういった準備はもちろん大切ですが，それだけでは，なかなか子どもは並び替えたいと動き出しません。動き出すためには，「何かありそうだぞ！」という見通しや動き出したくなる仕掛けが必要です。

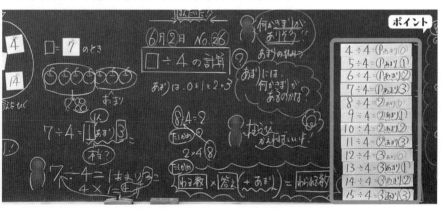

　3年「あまりのあるわり算」。商とあまりの関係についての学習では，□÷4の□に1〜15までの好きな数を当てはめて計算する活動を行いました。子どもが解いた式を順々に発表させていったのですが，3〜4枚が貼られた段階では，当然動き出す子はいません。一定数のわり算の式カードが出てきたときに初めて，「もしかして……」と式カードを並び替えたり，まだ出ていない式について語り出したりする姿が見られました。

スキル4 二分割で内容を比較させ，思考を促す

❶2択を迫り，仲間分けさせる

　二分割して比較させるときには，「AorB」という2択を迫る場合が多いです。たとえば，「長方形はAグループとBグループのどちらの仲間と言えるかな？」という場合です。比較させることは目的ではなく手段です。先程の長方形の例で言えば，長方形がどちらのグループに属するかを考える過程で，長方形の図形的な特徴に着目させたいというねらいがあります。

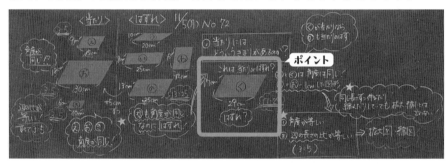

　6年「拡大図と縮図」の学習では，教師が四角形を当たりとはずれに分類していき，最後の1つは当たりかはずれかを考えさせるという問題を提示しました。子どもは「当たりグループ」と「はずれグループ」を比較しながら，それぞれのグループにどのような図形的特徴があるかを探っていきました。⒞は，一見すると「当たりグループ」のように見えますが，実は「はずれグループ」です。そのつまずきポイントにこそ，単元で大切にしたい考え方が隠れているのです。今回で言うと，辺の比に着目させるというポイントです。

教師が意図的にきまりを仕込んだ問題を提示することで，子どもの思考を
アクティブにした上で，身に付けさせたいことに迫るような学びを促すこと
ができます。

❷既習で解決できる場面と既習をそのまま適用しても解決できない場面を比較する

　もう１つ，二分割して内容を比較させるときによく用いるのは，既習をそ
のまま使えるか，それとも既習をそのまま適用しても解決できない場面，す
なわち既習を使える形にする工夫が必要かを比較する場合です。後者を扱う
際には，「既習を使いたいのに……」という思いが表れるようにしたいです。
そのとき，大切になるのが，既習が使えたという経験です。その両者を比較
することで，既習が使えないなら使える形にすればいいという発想をするこ
とができるようにしていきたいです。

（例）４年「１けたでわるわり算」の１時間目

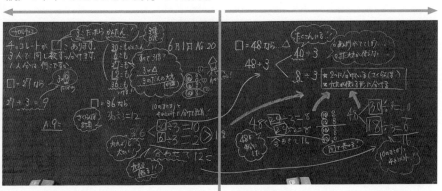

10のまとまりとそれ以外に分けて計算できる。（既習で解決できる。）	10のまとまりとそれ以外に分けて計算できない。（既習をそのまま適用させても解決できない。）

スキル 5 矢印で、考え・意見をつなぐ

❶図・言葉・(数) 式をつなぐ

　スキル2でも述べましたが、算数では、主に図・言葉・数（式）の3つを関連付けて理解するとよいと言われています。「関連付ける」ことを視覚的に表すときに用いるのが矢印です。

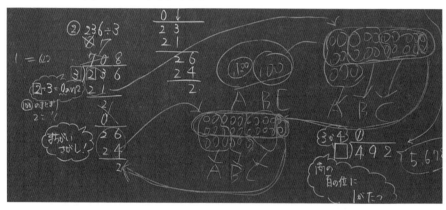

　上の写真は、4年「1けたでわるわり算」の学習で、筆算（数）と図を関連付けて理解しようと試みている場面です。筆算のしくみを、子どもが図を用いて説明しています。「100が2個分（200）を10が20個分に分解して……」と説明をしながら、筆算のどの部分を表した図なのかを矢印でつないでいます。このように、矢印でつないでいるのとそうでないのとでは、板書の見え方に大きな差が生まれます。説明しているときはもちろんのこと、少し後で見返したときにも、どのような学びだったのかを理解しやすくなります。

❷子どもの考えと考えをつなぐ

　授業中の子どもの発言やつぶやきは，都合よく筋道立てて出てくるものではありません。あっちに行ったりこっちに行ったりと，右往左往しながら授業は展開されていきます。その中にポイントとなる発言やつぶやきがあり，それらを関連付けることで，子どもの理解が深まったり，考えが広がったりしていきます。

　3年「わり算」の単元末には，かけ算とわり算の立式を正しくできるようになることを目指した授業を行いました。

　かけ算とわり算をそれぞれ言葉の式で表すと，ある子が「かけ算とわり算は分からないものが反対なんだね！」とつぶやきました。ほとんどの子の頭に「？」が浮かんでいます。そこで，「どこを見て，そのことに気付いたのかな？　黒板を指さしてくれますか？」と問い返しました。その子は，かけ算とわり算の言葉の式の部分を指さしました。そこで，私はその子のつぶやきを板書した吹き出しと，その子が指で示した言葉の式を矢印でつなぎました。この過程で多くの子から「あ～そういうことか！」という反応がありました。

　「あのとき○○さんが言っていたのは，こういうことだったのか！」ということはよくあります。板書するというのは，そういった子どもの学びの足跡を残し，学級全体の気付きを促進する役割があります。

表・資料掲示の工夫で，
気付きを促す

スキル
6

❶資料の情報を不足させる

　情報不足の資料を提示することはよく行う手立ての１つです。問題文でもそうですが，グラフなどにおいても情報を不足させるという手立ては，学びをそろえることに効果的です。情報が足りなければ，すぐに答えにたどり着くことができなくなります。それだけでなく，足りない情報を補おうと働き掛ける子どもの姿を引き出すことができ，その過程で問題場面を理解することができます。

　４年「折れ線グラフ」の学習では，同じデータでも一目盛りの大きさを変えて提示しました。ここでは縦軸の数値を与えずに提示した上でどちらが那覇市の月ごとの平均気温データなのかを問います。子どもは那覇市の気温の表とグラフを見比べながら考えます。実は，どちらも那覇市のデータではなく新潟市のデータという，ちょっとずるい問題なのですが，どちらも同じデータということに驚くとともに，一目盛りの大きさによってグラフの見え方が変わることに気付かせることができました。

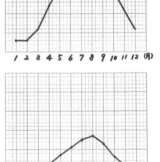

月	1	2	3	4	5	6	7	8	9	10	11	12
那覇市(℃)	17	19	21	22	26	27	29	29	29	26	22	19

気象庁 HP より

❷資料の一部を隠して情報を小出しにする

❶ともつながりますが，「隠す」こともよく用いる手立てです。隠された情報を補おうと働き掛ける子どもの姿を引き出すことができ，その過程で問題場面を理解することができます。また，「もし～だったら……」と仮定して考える子どもの姿も期待できます。これらの姿が見られるとき，単元や本時の学習で大切にしたい数学的な見方・考え方が表出することが多いです。

4年「小数」の大小比較の学習を例に説明します。

まずは整数の大小比較を行います。ただ比べるのではなく，黒い紙で数の一部を隠して提示します。大きい位の方から少しずつ見せていくのですが，ここで子どもは「位がそろっていないと比べられない」ということに気付きます。

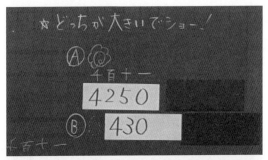

続いて，整数と同様に小数の大小比較を行います。大きい位から順に見せていきます。整数のときは最後まで数字があるかどうか見ないと大小を比べられませんでしたが，小数のときは，「0.42」「0.43」と少数第2位に異なる数字が

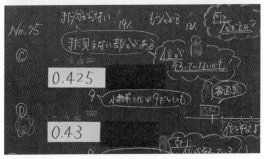

出た時点で半数ほどの子が「もう比べられる！」と反応しました。一方，「どうして分かるの？」と困っている子もいます。ずれが生まれ，追究意欲を高めることができました。このように一部を隠して情報を提示することで，位に着目して数を見るという学びの深まりが期待できます。

板書エリアを分割，授業の流れとリンクさせる

❶学習活動のねらい（目標）で分割する

　私がよく行う算数授業の流れは以下の通りです。

　(1)全員が分かる・できる場面

　(2)子どもの考えが分かれ，全員で追究する場面

　(3)分かったことをもとに活用する場面

（例）5年「小数と整数」の2時間目

| (1)全員が分かる・できる場面 | (2)子どもの考えが分かれ，全員で追究する場面 | (3)分かったことをもとに活用する場面 |

　(1)で整数（既習）の10倍，100倍，1000倍を扱います。そのときの考え方を(2)の小数でも適用しようとするとうまくいかず，追究の必要性が出てくるという場面です。最後は，(3)$\frac{1}{10}$，$\frac{1}{100}$，$\frac{1}{1000}$ の場合はどうか？と学んだことを活用して考える問題を提示しました。

❷黒板の中心から左右に広げる

　黒板のスペースの使い方は学習活動によって変わります。例えば，ワイドに板書を用いた場合，私はその学習の中心の話題となるものは黒板の中心にもっていくことが多いです。そして，その中心の話題となる活動や図などから出てきた気付きや問いなどを左右に広げていきます。

（例）3年「あまりのあるわり算」の6時間目

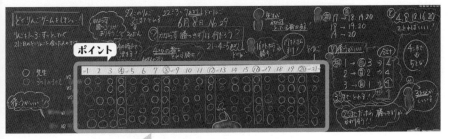

中心の話題となる活動（図）

　3年「あまりのあるわり算」の学習では「どくりんごゲーム」を行いました。りんごを1～3個ずつ交互に取っていき，21個目のりんご（毒りんご）を取ったほうが負けというルールですが，このゲームには，必ず勝つことができる秘密（あまりのきまり）が隠れています。

　この必ず勝つための秘密について，ゲームをやりながら黒板に記録されていく結果（色分けされた〇の位置）に着目して見ていくと，様々な気付きが生まれてきます。教師は，子どもの気付きを黒板の〇図に吹き出し等で位置付けていきます。このように授業を展開すると，中心に位置付けた〇図から広がっていくような板書になります。

スキル 8 子どもに板書させる

　ここまでの板書スキルは基本的に教師が行うこととして述べてきましたが，子どもに板書を委ねることで理解が進む場合ももちろんあります。

　言葉だけで説明することが難しい場合や，図をかいて説明した方がよい場合など様々ですが，説明の際，子どもを黒板の前に出させて説明する機会を多く設けるようにしています。

❶子どもが板書する過程を見せる

　発話（音声）だけでの説明が難しいと感じたとき，子どもは式や図などを用いて説明しようと動き出します。5年「単位量あたりの大きさ」の学習を例に説明します。

　「【3㎡に2人】と【4㎡に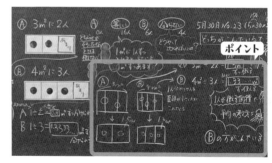3人】では，どちらが混んでいると言えるか？」という問題を提示しました。3㎡を2人で分けるとはどういうことか？という話題に対して，「3等分されている部屋を2等分に変えてあげればいい」という発言がありました。このことを説明するために，「黒板にかいて説明していいですか？」と言ってかいたのが，上の写真の四角で囲んだ部分です。この図をかいて説明したことで，全員が「3÷2＝1.5」と「4÷3＝1.33……」の意味を理解することができました。

今回は子どもが図をかきながら説明していました。このように，図をかく過程が見えることで考えの意図が伝わりやすくなります。

❷子どもが板書する過程を見せない

　一方，子どもが板書する過程をあえて見せずに，あらかじめ子どもがかいた図や式を提示する場合もあります。2年「かけ算」の学習を例に考えてみましょう。

(例) 2年「かけ算(2)」の10時間目

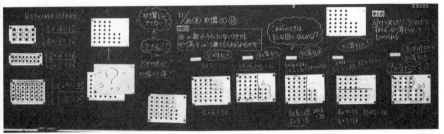

　●の数がたてと横にきれいな列になっていない場合，どのようにかけ算を使って求めればよいかを考える1時間です。あらかじめ代表の子どもに式だけをかいてもらい，その子の考えを図や言葉で説明させたり，図をかいてもらい，その図を提示して，どのように考えたのかを式や言葉で説明させたりする活動を行いました。このように，あえてかく過程が見えないように提示することで，式や図に表れている情報を読み取って考えるという学びを促します。

　過程を見せるか見せないかについては，その学習活動で何をねらっているか，つまり子どもにどのような力を付けたいかによって変えるとよいでしょう。

第2章

思考をアクティブにする算数授業

実践事例 21

1年 たしざん（14／15時間）

たし算カードにかくされた秘密を見付けよう

板書

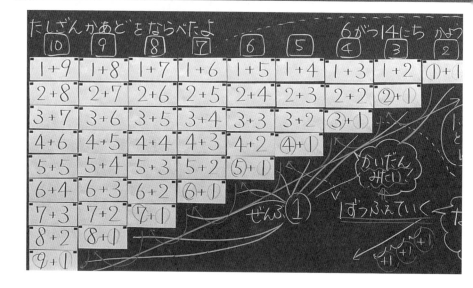

板書ポイント❶ きまりについて板書する際には，カードに書き込むと見づらくなると考え，カードに書かれた式を並び方を変えずに別の場所に取り出し，数の変わり方について追記するようにしました。

（関連スキル▶3）

026

　たし算カードを裏向きにした状態からスタートし，少しずつカードをオープンしていきます。まずは「たて」に見たときのきまり，次は「横」に見たときのきまり，そして最後は「ななめ」に見たときのきまりというように，スモールステップで進めました。情報量を少なくすることで，多くの子が数の変わり方に気付けるよう工夫し，きまりを発見していくことを全員で確認しながら楽しむ授業を目指しました。

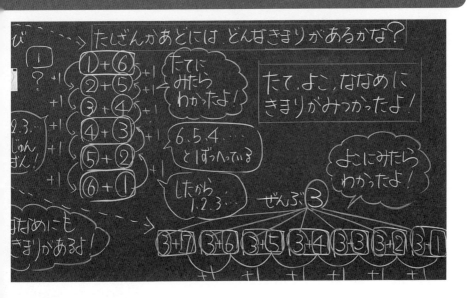

　たし算カードを全て裏面にして提示します。そして，きまりに気付かせるために必要最低限の部分のみをオープンしていきました。情報量を少なくし，多くの子が数の変わり方に気付けるように意識しました。（関連スキル▶6）

授業の流れ

【本時のめあて】

　同じ答えになる加法の式について，カードの並びをたて・横・ななめに見ることで，数の変わり方にきまりがあることを見い出している。

❶たし算カードをたてに見てきまりを見付ける (12分)

　裏向きにしたたし算カードを教師が意図的に並べます。この状態から１枚ずつめくっていき，たし算カードの並び方のきまりに気付かせていきます。

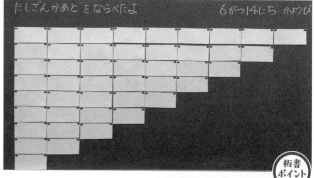

C：階段みたいだね。

T：カードを１枚め
　　くります。
　　($2+5$)

C：7！

T：もう１枚めくり
　　ます。($3+4$)

C：7！

C：また7だよ。

C：もしかして，その下も7なんじゃない？

T：めくってみますね。($4+3$)

C：やっぱり7だ！

C：先生，その下のカードが分かったよ！

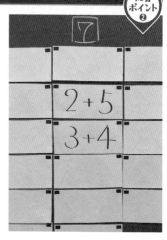

　たし算カードのたてのきまりへの気付きが見られたので，隣の人ときまりについて話す場面を設けました。「もしかして〜じゃないかな？」と話してごらんというように指示しました。

C：次のカードは$5+2$だよ。
だって左の数は1，2，3
……と順番に増えていって
いて，右の数は5，4，3
……と1ずつ減っているか
ら次は$5+2$になるはず。

C：上に行ったり下に行ったり
してエレベーターみたいだね。

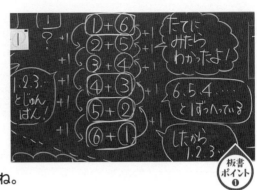

❷たし算カードを横に見てきまりを見付ける（25分）

　もう一列だけたての列（和が6の列）を確認し，表をたてに見るときまり
が見付かったという見方を共有しておきます。その後，横に見てきまりを見
付けさせることにしました。

C：たてに秘密があったから，横にも
秘密がありそうじゃない？

T：では，今度は横にカードをめくっていこうか。
（$3+4$，$3+3$がめくってある状態で$3+2$をめくる。）

C：横の秘密も分かったよ！　たぶん次のカードは$3+1$だよ。

　たし算カードの横のきまりへの気付きが見られたところで，たてのきまり
のときと同様に隣の人ときまりについて話す場面を設けました。

T：どうして○○さんは次のカー
　　ドを予想できたのかな？
C：左の数は全部3になっている
　　からだよ。
C：右の数は右から1，2，3，
　　4……って1ずつ増えていっている。
C：右の数は反対（左）から見ると，7，6，5……って減っていくよ。

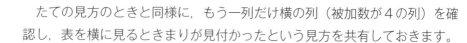

　たての見方のときと同様に，もう一列だけ横の列（被加数が4の列）を確
認し，表を横に見るときまりが見付かったという見方を共有しておきます。

❸たし算カードをななめに見てきまりを見付ける（8分）
　ここで全てのカードをオープンします。子どもは，これまでのきまりが他
のたてや横の列でも成り立つかを確かめたり，新たなきまりがないかと探し
たりします。様々な声が上がりますが，この活動❸では，特にななめの見方
について大きく取り上げます。

C：ななめにもきまりを見付けたよ。
C：ななめ？
C：うん！　階段みたいになっているよ。

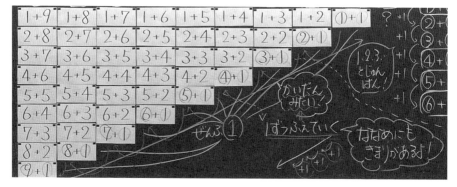

「階段みたいになっている！」というななめに見たときのカードの数値の変化について隣の人と確認する時間を設けます。今回は，一番分かりやすいであろう一番下のカードに着目させて，語らせることにしました。

T：一番下のカードをななめに見ると，どんな秘密があると言えるのかな？
C：カードの右の数が全部1で，左の数が1ずつ増えていくよ。
C：階段みたいってそういうことか。
C：階段みたいになっているのは，数が増えていくからだよ。

　他にも答えが10になるたての列はカード（式）が9枚，答えが9の列はカード（式）が8枚というように，カードの枚数は答えより1少なくなっていることにも気付いた子どもがいました。今回は時間内に取り上げることができませんでしたが，次時に取り上げると，ななめの見方である「階段になっている」ことと関連付けて理解する姿が見られました。可能なら時間内に取り上げたかった内容です。

　今回はたてと横のきまりに気付かせる際，できるだけ情報量を少なくすることを心掛けました。一列だけ，それも少しずつカードをオープンしていくことで，多くの子がたし算の変化に気付くことができるようにしたいと考えたからです。そのため少し丁寧に進めすぎ，教師主導になってしまった感じは否めません。
　しかし，この次のひき算の単元では，今回のたし算のときの学びの経験をもとにして，ひき算カードのきまりを自ら発見していくことが期待できます。

大きさが違う！
ぱっと見て分かる並べ方を考えよう

板書

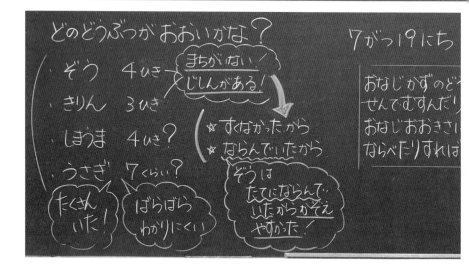

板書
ポイント
①

①動物カードの大きさを揃えずに提示しました。

②ランダムに配置した動物カードのうち，1種類だけはたて
　に並べておきます。そうすることで，数えやすいものと数
　えにくいものの違いに気付かせることをねらいました。

（関連スキル▶6）

　今回の授業では，子どもから「揃える」という発想を引き出すことをねら
いました。比べる際には，「揃える」ことが大切になります。「端を揃える」
「大きさを揃える」「数を揃える」など，「揃える」ことはこの単元に限らず
大切な考え方です。子どもが揃えたくなるような仕掛けを工夫しました。今
回は，①大きさを揃えないで提示，②一部のカードだけきれいに揃えて並べ
て提示という２点を手立てとして講じています。

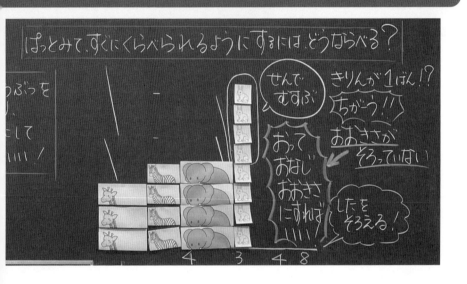

①「〜だから困る」と②「〜するとよい」という子どもの声が
セットになるように意識して板書しました。（関連スキル▶1）

授業の流れ

【本時のめあて】

「端を揃える」「線でつなぐ」「大きさを揃える」のように，１対１対応させて数を比べることができる。

❶問題場面の把握（8分）

壁掛け用黒板に動物カードをランダムに配置しておきます。このとき，１種類だけはたてに並べておきます。そうすることで，数えやすいものと数えにくいものの違いに気付かせることができます。

ミニ黒板を回転させて一瞬だけ子どもに動物を見せます。「キリンがいた」「しまうまは△匹だった」などという声が聞こえることでしょう。その反応を板書していきます。

※１人１台タブレットが導入された今なら，ICT を活用した教材提示も有効だと思います。並べ替える際にも，タブレットで行わせ，その結果を共有することもできます。

T：どの動物が多いかな？　よく見ていてね。

C：一瞬すぎて分からなかった……もう１回見たい！

C：キリンがいたと思う！

C：ゾウは４匹で間違いない！

C：シマウマとウサギは何匹か分からないけどいっぱいいた気がする。

T：どうしてゾウやキリンは間違いないと言い切れるの？

Ｃ：数が少ないから。

Ｃ：ゾウはたてに並んでいたからだよ。

Ｔ：なるほど！　では，シマウマやウサギはどうして自信がないのかな？

Ｃ：たくさんいたし，ばらばらだったもん……

Ｃ：シマウマやウサギも並んでいればいいのに。

　ばらばらだと数えにくいこと，並んでいると数えやすいことを押さえ，並べるとよいという声を引き出すことをねらいました。そして，パッと見て数を比べる方法について考えていくことを全体の問いとして共有します。

❷動物カードを並び替える（15分）

　動物カードの並び替えを行います。このとき，わざと下を揃えずに並べたり，隙間を大きく空けて並べたり，向きを揃えずに並べたりすることで，子どもから「揃える」ことの必要性について言及させるように仕向けました。

Ｔ：一番高いキリンが，一番数が多いね！

Ｃ：違うよ！　キリンは体が大きいから高くなっているけど，3匹しかいないから一番少ないよ。

Ｃ：体の大きさが違うから高さで比べちゃダメだよ。

Ｔ：大きさが揃っていないと困るんだね。どうしたらいいかな？

❸ 並べ方を工夫する（22分）

　ここからは試行錯誤の時間です。初めは2枚目の動物カードの上や下を揃えるように並べるというアイデアが出されましたが，うまく表しきれず断念してしまいました。次に出たアイデアが線を引くというアイデアです。

C：線でつなげばいいよ。

C：1匹目は1匹目同士で線で結ぶでしょ？　2匹目も同じようにして……

C：あー！　これなら結ばれていない動物が多いって分かるね。

C：でも，まだちょっと見づらいね。

　ここで，改めて多くの子どもが当初困っていた「大きさが揃っていない」ということを投げ掛け，「揃える」という視点を引き出そうと考えました。

T：みんなが困っていたのは，大きさが揃っていないことだったよね？　何か大きさを揃える方法ってないのかな？

C：ちょっとかわいそうだけど……紙を折ったらいいんじゃないかな。

C：あー！　同じ大きさに折るってことか〜！

T：どの動物カードを折ればいいのかな？

C：キリンとシマウマとゾウを折ればいいよ。

C：そうそう。ウサギは折っちゃダメ。

T：どうしてウサギは折っちゃダメなのかな？　お隣さんとお話してみよう。

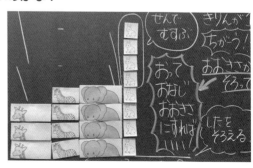

C：ウサギが一番小さいから小さいカードを折ったら揃えられなくなる。

C：一番小さいウサギに他の大きい動物を揃えたいから。

　線で結ぶのは，1対1対応で数を捉えるというアイデアとして大変価値のあるものです。ただ，まだ見づらいという声も上がっていました。最後に出たアイデアは「カードを折る」というアイデアでした。大きさが揃っていないなら揃えてしまえばいいというアイデアは賛否両論（反対派は，「かわいそう……」「動物は折り畳めない」といった感情的なものがほとんど）でしたが，比べるときには「揃える」とよいということを学ぶ上でとても柔軟で素晴らしい発想だったように思います。もし，子どもから出なければ教師から示してもいいかもしれません。

　子どもから「きれいに並べるといい！」という発想を引き出すことが重要となりますが，何も仕掛けずに子どもから引き出すのはなかなか難しいものです。そこで，今回は，あらかじめ一部だけ並べておくことで，数えやすいものと数えにくいものがあるという違いを子どもに感じさせることをねらいました。その違いが気付きとなり，きれいに並べるとよいという学びとなるようにしたのです。

　これはきまり発見などの学習でも同様のことが言えます。何も仕掛けることなく「何かきまりはあるかな？」「何か共通点はあるかな？」と問い，子どもに発見を委ねるのは少し乱暴と言わざるを得ません。気付かせるための手立てを講じることが重要です。

筆算をしなくても
簡単に計算できる数を考えよう

板書

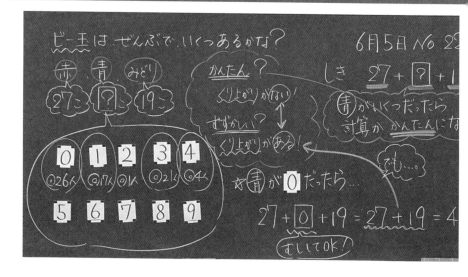

「もし……だったら」「ぴったり○○」，子どもの問いなど，本時の学びにおいて重視したい子どもの声を拾い，吹き出し等で可視化することを意識しました。（関連スキル ▶ 1）

　□に入れる数として、「簡単」とはどういうことかについて全体で共有してから考えさせることにしました。難しいときはどんな場合かを問うことで、くり上がりがある場合を避けた数値設定をしたい……と問いをできるだけ焦点化することを心掛けました。さらに、今回は□に入れる数は0～9までと限定しました。多様すぎて扱いきれなくなることもなく、ねらいと大きくずれた展開も起きにくくなるからです。

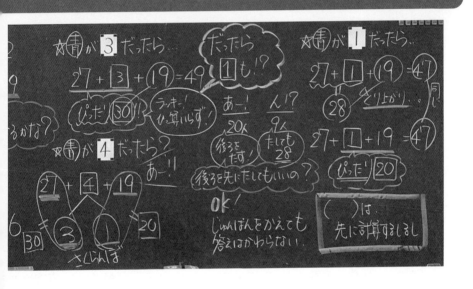

主に黒板左側にくり上がりがある場合を、黒板右側にくり上がりがない（ぴったりを作ることができる）場合を位置付けるようにしました。（関連スキル▶4）

授業の流れ

【本時のめあて】

　３口の加法において，前の２口を先に足しても，後ろの２口を先に足しても，答えは同じになることを理解するとともに，かっこを用いる意味を理解する。

❶問題場面の把握（12分）

　中身が見えないようになっている容器に赤・青・緑のビー玉をそれぞれ入れて提示し，数を確認します。

C：１・２・３……27。赤は27個だね。

C：１・２・３……19。緑は19個。

C：あれ？　青は？

T：青は秘密です。$?$個としておきましょう。青を$?$個としたまま，３色のビー玉の合計を求める式を作ると，どんな式になりますか？

C：青が$?$なら，27＋$?$＋19かな。

T：では，この$?$にどんな数が入ったら，27＋$?$＋19の計算が簡単になるかな？

　ここで，「簡単」の意味を全体で共有しておきます。反対に，「計算が大変だと思うときはどんなときか？」を問うことで，くり上がりの有無が難易度に関係していることを押さえます。そして，$?$の中に０〜９までのカードを当てはめて簡単な計算を考えさせます。

❷$?$に数を当てはめてみる①（25分）

　これは簡単だと思うものに手を挙げさせます。何回挙げてもよいこととしました。次の写真の◎は，簡単だと考えた人数を表しています。

T：一番数が多かった $\boxed{0}$ から考え
　　てみよう。 $\boxed{0}$ は簡単かな？

C： $\boxed{0}$ は簡単だよ。だって計算し
　　なくてもいいんだもん。

C：青は無視していいから赤と緑
　　だけ計算すればいい。

C：27＋19の計算をすればいいっ
　　てことだね。

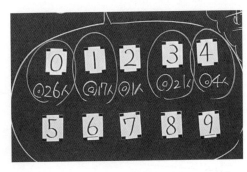

　筆算が必要だという反応を期待したのですが，3口の計算が2口でできる
という簡単さに学級のほとんどが納得したため，無理に取り上げないことに
して，先に進めました。

T：では，次に人数が多かった $\boxed{3}$
　　はどうかな？

C： $\boxed{3}$ が簡単な理由，言えるよ！

C：ぴったり30ができる！

T：どこに30なんてあるの？　30
　　が見える人はいるかな？

C：27＋3で30だよ。簡単だから
　　頭の中で計算できる。

C：あっ！　その後の30＋19も筆算がいらないよ。

C：さっきの $\boxed{0}$ のときは，くり上がりがあって筆算が必要だったけど，今回
　　は筆算しなくていいから，さっきよりも簡単かも。

　このタイミングで， $\boxed{0}$ のときに期待していた「結局くり上がりがあって計
算が大変だ」という声が聞こえてきました。 $\boxed{3}$ はくり上がりがなくて計算が
簡単だったという事実と $\boxed{0}$ のときとを比較して気付いたのでしょう。

C：だったら ? が１のときもそうだよ。

「あー！納得！」：20人
「ん？どういうこと？」：9人

T：どういうこと？と思っている人
　で，「あー！」となった人に聞
　きたいことはある？
C： 1 が入っても27＋１＝28ですよ
　ね？　これだと28＋19になって
　しまって， 0 のときと同じでく
　り上がりになっちゃうよ？
C：そっちじゃなくて，後ろを先に
　足すの！
C：後ろ？
C：あー！　それなら１＋19で，ぴったり20になるね。
C：後ろを先に足してもいいの？
C：５＋４＝９と４＋５＝９みたいに，足す順番を変えても答えは変わらな
　いからいいんだよ。

　　３口でも答えが変わらないのか，全体で確認した後，かっこの使い方や意
味について指導しました。

❸ ? に数を当てはめてみる②（8分）
T：残ったのが 4 だけど，簡単かな？
C： 4 は難しいよ。どっちに足してもぴったりにならないよ。
C：そうそう。どっちにしてもくり上がっちゃう。
C：どっちにも足すって考えたんだけど……

C：さくらんぼ計算みたいにして4を2つに分ける！

T：4をどのように分けるのか
　　な？

C：あっ！　分かった！　4を
　　3と1に分けるんだ。

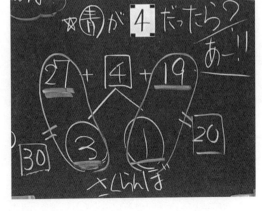

T：4を3と1に分けると，何
　　かいいことがあるの？

C：あるよ。27と3で30。19と
　　1で20。ぴったりが2つで
　　きる。

C：本当だ。これすごいね。

C：さっきやった3と1を合体したアイデアだね。

　　最後に，本時の学習で大切だと思った考え方を問いました。期待したのは
「ぴったりの数を作ること」です。ぴったりの数を作ることができれば計算
が簡単になるということを感じてほしいです。

　　初めて□を使うとなると，混乱する子どもも出てくるかもしれません。本
時が最初の場合は，□がどのような役割をしているのかということを子ども
の実態に合わせて丁寧に説明する必要があります。どんな数が入ってもいい
のだというオープンな提示方法としての□を，本時以前に数回経験させてお
くとスムーズに展開できると思います。

【参考文献】
『板書で見る全単元・全時間の授業のすべて　算数　小学校2年上』筑波大学附属小学校算数部
企画・編集（東洋館出版社）

何パターンできるかな？
四角形を2つの形に分けてみよう

板書

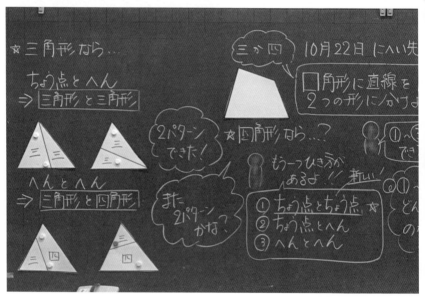

板書ポイント❶

授業を3つの段階に分けてイメージし，板書の構成も大きく3つに分けるよう意識しました。

①三角形を分割する場面

②四角形を分割する見通しをもつ場面

③四角形の分割を仲間分けしながら整理する場面

（関連スキル▶7）

　三角形について扱った後，四角形ではどうか？と考えさせる展開にしたことで，四角形での活動に見通しをもって取り組んでいる子が多かったです。また，四角形を分ける活動に入る前に，全体で分ける視点を共有してから進めることで，着目した図形の構成要素（頂点と辺）と，その際にできた図形とを関連付けて捉えることができるように意識して授業を行いました。

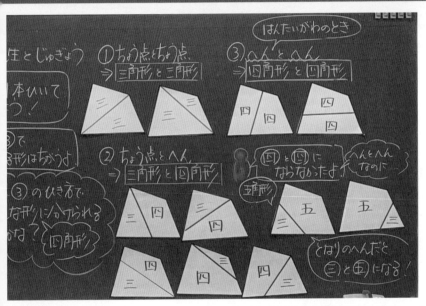

子どもが着目している図形の構成要素（頂点と辺）がはっきりと分かるように吹き出し等で可視化することを意識しました。

（関連スキル▶1）

授業の流れ

【本時のめあて】
　四角形を構成要素（頂点と辺）に着目し，１本の直線で分割する活動を通して四角形がどのような図形に分割できるかを考える。

❶三角形を分割する（10分）

　　　　　　□角形に直線を１本引いて，２つの形に分けましょう。

C：□には何が入るのかな？
C：たぶん三か四だよ。三角形か四角形。
T：じゃあ最初は三角形にしてみようか。どんな分け
　　方があるかな？　直線を１本引いてみよう。
C：いろいろできそうだよ。

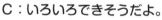

　子どもが作業している間，子どもの様子を見て回り，意図的に指名する子を決めておきます。数人を指名し，黒板掲示用の三角形に直線を引かせます。

T：この２つの引き方の似ているところはどこかな？

C：どっちも頂点と辺を結んでいる。

C：どっちも三角形が２つできているよ。

T：そうだね。全部で３つだね。じゃあこっちはどういう仲間かな？

C：今度は辺と辺を結んでいるね。

C：今度は三角形と四角形に分かれているね。

　三角形を分けるときには「頂点と辺」と「辺と辺」の分け方の２パターン
があることを押さえておきます。

❷四角形を分割する見通しをもつ (15分)

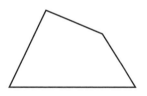

T：じゃあ四角形のときはどうかな？

C：また２パターンかな。

C：いや，今度はもう１パターンあるよ。

T：もう１パターンあると言っている人の気持ちが分かるかな？

C：えっ？　もう１パターン？

C：あっ，分かった！　今回は頂点と頂点を結ぶことができるよ。

T：①頂点と頂点　②頂点と辺　③辺と辺の３つの分け方のパターンがある
　　ってことだね。三角形のときみたいにできる形は変わるかな？

C：①～③でできる形は変わるような気がする。

　子どもに四角形が描かれた紙を３枚配付し，①～③の視点で１枚ずつ直線
を引かせます。数人を意図的に指名し，黒板掲示用の四角形に直線を引かせ
ます。

❸四角形の分割を仲間分けしながら整理する（20分）

子どもが描いた図とともに，どんな図形に分けることができたかを確認していきます。

①　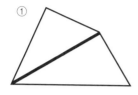　②　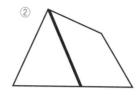　③　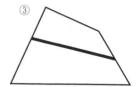

①頂点と頂点を結んだとき　⇒　三角形と三角形
②頂点と辺を結んだとき　⇒　三角形と四角形
③辺と辺を結んだとき　⇒　四角形と四角形

C：えっ!?　辺と辺を結んだけど，四角形と四角形にならなかったよ？

C：本当？　どうやって引いたの？

C：
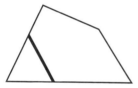

C：三角形と……もう片方は何だ？

C：もう1個の形は五角形じゃないかな。

C：頂点が5個あるし，辺が5本あるから。

T：本当かな？　みんなで一緒に数えてみましょう。

C：1・2・3・4・5！　本当だ！

C：五角形ってまだ習ってないけど，三角形や四角形と同じように考えれば五角形もありそうだね。

T：どっちも辺と辺を結んだはずなのに，違う分け方になるの？　どっちか引き方がおかしいんじゃない？

C：どっちも合っているよ。ちゃんと辺と辺を結んでいる。

C：もしかして……四角形と
四角形のときは，反対側
にある辺を結んでいて，
三角形と五角形のときは，
となりの辺を結んでいる
ような気がする。

T：本当？　たまたまじゃな
いの？

C：いや，本当だよ！　試し
てみたら，本当にそうな
った。

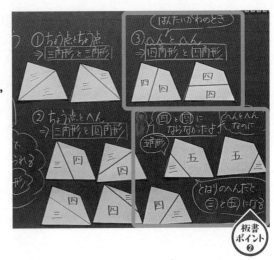

　他の場合についても考えさせ，確かめさせまし
た。

　最後に，結ぶ辺と辺の位置が関係していることや，四角形の分け方は大き
く3パターンあることを確認しました。

　学習後の振り返りを書かせる時間はなかったため，四角形の分け方とでき
る図形について，ペアで確認して授業を終えました。

　辺と辺に着目して分けた場合，反対側にある辺同士を結ぶ場合と隣り合う
辺同士を結ぶ場合で，分けられる図形が変わるというのは，三角形では起こ
らない，子どもにとって驚きのある内容です。この場面までは，スムーズに
流していき，この驚きを子どもとともに楽しみたいです。今回は「どっちか
の引き方が間違いなのではないか？」と揺さぶりを掛けることで，再度，辺
に着目させ，分け方の違いに気付かせようと考えました。

箱の形になるのはどれだろう

板書

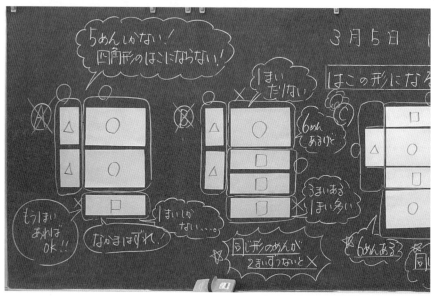

 図はそれぞれの面にマグネットを付けた状態で提示し，子ども
の気付きや発言に応じて並び替えたり，移動させたりできるよ
うにしました（横一列に並べ，比較しやすくしました）。

（関連スキル▶3）

　箱の形になるものとならないものを比較する中で，構成要素や面と面のつながりに着目しながら解決することを目指しました。箱の形にならない場合を扱うことで，箱の形になる場合の特徴がよりはっきりと見えるようになります。箱の形にならない理由を語らせていくことは，箱の形になるための要素を語ることに他なりません。できる理由を語るよりも，できない理由を語る方が容易であることが多いです。

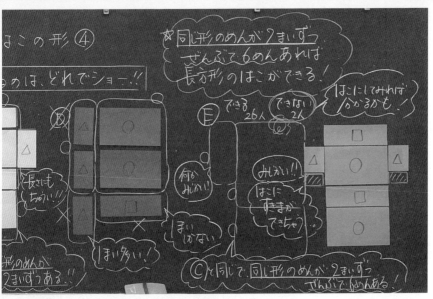

板書ポイント②

子どものつぶやきや発言を図に付け足していくように吹き出し（吹き出しは主に白チョーク）で板書していきました。

（関連スキル▶1）

授業の流れ

【本時のめあて】

　面の数と形や大きさに着目し，組み立てると箱の形ができる場合を考える活動を通して，6つの面のつながり方を理解する。

❶箱にならない図について理由を考える（20分）

　Ⓐ〜Ⓓの図を黒板に貼ります。板書写真ではきれいに並べ替えられていますが，Ⓒの図も元々は他の図と同じように配置して提示しました。子どもには縮小したⒶ〜Ⓓの図を配付します。

　そして，箱の形になるのは次のうちどれか，ノートに記号を書かせました。

C：分かったよ！　簡単だ！
　　1つしかないよ。

T：では，絶対にこれはない！というものを教えてください。

C：Ⓐは絶対にないよ。だって，5面しかないもん。1枚足りないから四角形の箱にならないよ。

C：「ふたがない箱」になってしまうよ。

C：1枚仲間はずれなんだよ。

　Ⓐの展開図から「面は6枚必要」ということを押さえます。

T：では，Ⓐは箱にならないということですね。他はどうですか？

C：ⒷとⒹもできないよ。

T：でも，Ⓑの面はちゃんと６枚ありま
　　すよ？　今度は箱になるんじゃな
　　い？
C：できないよ。今度はいらない面があ
　　るんだよ。
C：そうそう。（□の面が）３枚あるか
　　ら１枚多い。
C：逆に，この面（○）は１枚足りない。
C：同じ形の面が２枚ずつないとダメだ
　　よ。
C：だからⒹもⒷと同じでダメだよ。

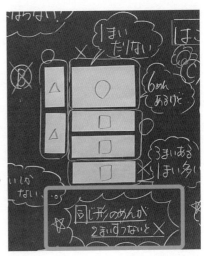

　Ⓑとのの展開図から「同じ形の面が２枚で１組」ということを押さえます。

❷❶での考えをもとにⒸとⒹが箱になるかを考える（15分）

　ⒸとⒹについて，箱になる理由，ならない理由をノートに書かせます。活
動❶で獲得した２つのポイント「面は６枚必要」「同じ形の面が２枚で１組」
をもとに，個人で考える時間を設けます。その後，全体で考えを共有しまし
た。

C：さっき○○さんも言っていたけど，
　　Ⓑと同じで，Ⓓも箱にならないです。
　　なぜなら，同じ形の面が２枚ずつな
　　いからです。
C：この面（□）は１枚しかないし，こ
　　っちの面（△）は３枚あって，１枚
　　多いからです。
T：では，Ⓒはどうですか？

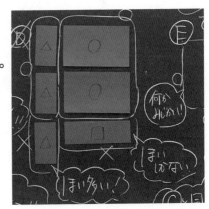

C：ⓒは箱になるよ。だって同じ形の面が２枚ずつあるもん。

C：ちゃんと面が６枚あるし，同じ形の面が２枚ずつあるから箱になるね。

　最後の発言をもとにして，学習をまとめることとしました。

❸既習通りにならない図から学びを深める (10分)

　学習したことを適用するだけでは解決できないⒺの図を新たに提示し，箱になるかどうかを問います。

> 箱になる：26人
>
> 箱にならない：２人

C：同じ形の面が２枚ずつ，全部で６枚の面があるから箱になるよ。

C：そうなんだけど，この面（△），何か短くない？

C：確かに……。箱にしてみれば分かるんじゃない？

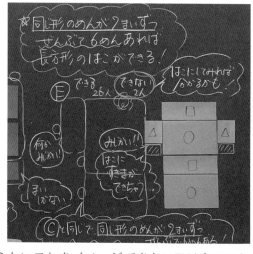

　子どものリクエスト通り，Ⓔの図をテープでつなぎ，組み立てて箱の形にして見せます。展開図だけでは，きれいな箱にならないことをイメージできない子は多いでしょう。立体にして見せることは効果的です。

C：あっ！　隙間ができている。

C：○○さんが言っていたみたいに，△の面が短いんだ。

C：じゃあ，同じ形の面が2枚ずつあってもダメってこと？

C：面の大きさが合わないと箱にならないんだね。

T：「合わない」ってどういうことだろう？　面の大きさはどうなっていれば箱になるのかな？

　©の図をテープでつなぎ，箱の形にして見せ，Ｅの図と比較させます。比較させる際には，子どもが示しながら説明できる準備をすることが大切です。

C：ここ（△）とここ（○）みたいにくっつく辺と辺の長さが同じにならないとダメってことじゃない？

C：ここ（△）とここ（□）もそうだよ。

C：長さにも注意ってことだね。

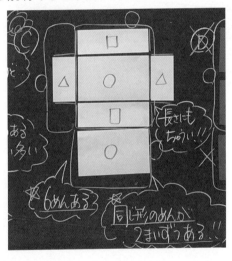

　きれいな箱の形になるものとならないものを比較することで違いがはっきりします。

　きれいな箱の形になるものだけを提示して条件を問うても，なかなか条件を見出すことは難しいです。しかし，きれいな箱にならない比較対象があることで，うまくいかないポイントを指摘することが，そのままきれいな箱になるための条件につながります。

　一旦学習内容をまとめた後，学習したことを適用できない場合を提示することで，学びをさらに深めることをねらいました。今回の場合でいうとＥの図です。教科書にはない図ですが，4年「直方体と立方体」への接続も考え，面と面のつながりをより意識できるよう，少し踏み込んだ内容にチャレンジしました。

図と合う式はどちらだろう

板書

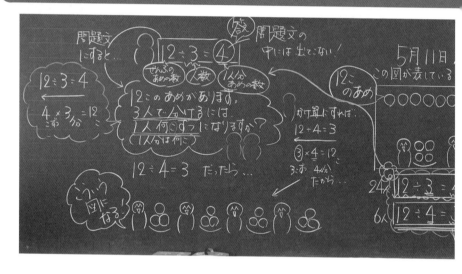

板書
ポイント
❶

黒板を３分割し，授業の流れとリンクさせました。

左：12÷3＝4に関する話題

中央：図と中心課題

右：12÷4＝3に関する話題とまとめ

（関連スキル▶7）

「1つの図から2通りの式をイメージすることができる」というのがおもしろいと思い，考えた授業です。前時に，「18個のあめを2人で同じ数ずつ分けると1人分はいくつでしょうか？」（18÷2＝9）という等分除の場面を図で表す活動を行ったとき，18÷2を意識しているが，「18個のあめを2個ずつ分けると何人に分けられますか？」という包含除の図を描いている人が複数いることが分かりました。その思考のずれを本時の問題にしました。

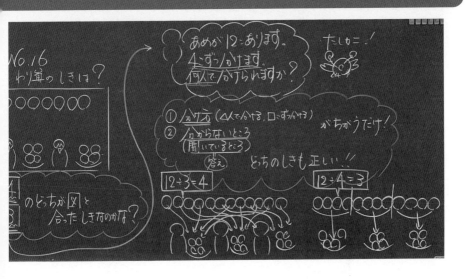

話合いのメインとなる図と中心課題を黒板の中心に据え，黒板の左右で考えを比較しやすくしました。（関連スキル▶2）

授業の流れ

【本時のめあて】

　わり算には等分除と包含除があることを理解し，図や問題文からその違いを区別することができる。

❶図から式を想像させ，考えのずれから問いをもつ（10分）

> この図が表しているわり算の式は何でしょうか？

　右の写真の図を提示しました。今回は図を描いているとき，子どもには目を閉じさせ，描いている順序が分からないようにしましたが，画用紙などにあらかじめ描いたものを提示するとよいでしょう。ノートに式を書かせると，2種類の式に考えが分かれました。

①12÷3＝4（24人）　　②12÷4＝3（6人）

C：あれ？　違う式の人がいるよ。
C：どっちが正しい式なのかな？

　一斉に式を言わせてみることで，異なる式を書いていることが分かり，友達との考えのずれにより，どちらが正しいのか？　なぜその式になったのか？など……子どもの中に問いが生まれます。

❷ 12÷3＝4 と考えた理由を解釈する（20分）

　12÷3＝4を先に扱いました。12÷3＝4を考えた子たちは何か言いたそうな表情をしており，これまで主に扱ってきた等分除のため，誰もがイメージしやすいからです。また，12÷4＝3を考えた子は少なく，あまり自信がなさそうに見えました。包含除の方はイメージがしづらいのでしょう。

T：選んだ式が正しいと考える理由や選ばなかった式が正しくないと考える
　　理由は何ですか？
C：12÷3＝4の「12」は「全部のあめの数」を表しているでしょ？　「3」
　　は「分ける人数」で，「4」は「1人分のあめの数」を表していると思
　　うから，12÷3＝4だと思う。
C：言葉の式にするとよく分かる
　　ね。僕は問題文をイメージし
　　たよ。

> 12このあめがあります。3人で分けるには1人何こずつになりますか？

C：わり算の逆のかけ算で考えて
　　みても，この問題なら図と合
　　うと思うよ。
C：それに，12÷4＝3だったら，
　　図が違うと思う。こういう図
　　になるよ（右下の写真）。
C：たしかにそうかも……。何か
　　考えが変わってきた（12÷4
　　＝3と考えた一部の子たち）。

❸ 12÷4＝3 について解釈し，2つの考えを比較する （15分）

　ここで12÷4＝3の子を指名して考えを述べさせようと考えました。しかし，12÷4＝3をイメージした子たちがなかなか自信をもてずにいたため，12÷4＝3の式をイメージした子たちの背中を押そうと考えて次のように揺さぶる発問を行いました。

T：さっきみんなが説明してくれたように，12÷3＝4の式と図が合っているという意見は納得できる人が多いみたいですね。先生もなるほど！と思いました。でも，まだモヤモヤしている人もいるようです。
　　実は，先生は12÷4＝3の式をイメージして図を描いたんです。
C：え!?　うそでしょ？
C：やっぱり！　私はこう考えたよ（右の写真）。

　少数派である12÷4＝3と考えた子の側に立ったことで，自信をもてていなかった子たちの表情は明るくなり，その中の1人が考えていた問題文を紹介してくれました。

> あめが12こあります。4こずつ分けます。何人で分けられますか？

C：あ〜なるほど！　その問題文ならたしかに図とも合っているね。
C：どっちの式も正しいってことか。
T：どっちの式も正しいということが分かったね。2つの問題文を見比べてみよう。同じ部分と違う部分は何だろう？
C：どっちもあめが12個あるというのは同じだね。
C：違うところは2つあるよ。
T：違うところは2つあると言っている人がいますが，2つ見付けられます

か？　それぞれの問題文に線を引きましょう。

　「2つの式を比べてみよう」と投げ掛けるだけでは，子どもはどのように比べればよいか分かりません。私がよく使うのが「同じところ」と「違うところ」に着目させることです。今回は，違うところが2か所あるという話題が出たところで問題文に線を引かせて，全員参加を促しました。
C：分かったよ。△人で分けるか□個ずつ分けるかの違い。
C：「分け方」が違うってことだよね。
C：もう1つは最後の一文。1人分が何個かと何人で分けるかという「分からないところ」が違うよ。
T：そうですね。2つの違うところがあるだけで，どっちの式も図に合っているということが分かりましたね。では，それぞれの式と問題文を図で表してみましょう。

　2つの式の違いが見えたところで，最後に問題文と式，そして図を結び付ける活動を入れました。この3つを行き来することが算数ではとても大切になります。

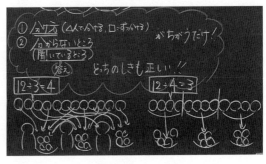

　今回は包含除の導入として行いました。わり算と聞くと等分除をイメージする人が多いです。わり算の学習を等分除から導入しているということももちろん関係していることと思います。本時では，図から入ったことで自然と2つの式が登場し，それぞれの式について図を通して解釈していくことで，わり算には2種類のパターンがあることを自然な形で導入することができたのではないでしょうか。

小数なのにどれも「４＋３＝７」？
なぜだろう

板書

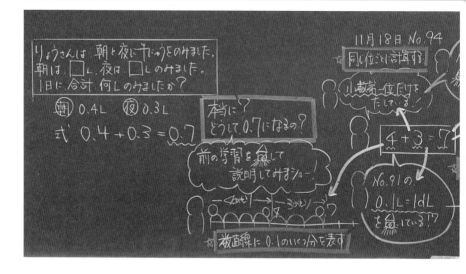

板書
ポイント
❶

$4＋3＝7$ という整数で考えるというアイデアを全ての考えと
関連付けて理解することを目指したため，板書の中心に位置付
け，矢印でつながりを表現しました。どれも整数と同じように
考えているというまとめにつなげる展開を目指しました。

（関連スキル▶２・５）

　子どもが既習をもち出して考えるアイデアのどれにも「整数と同じように（十進位取り記数法の仕組みで）考える」という要素が入っています。それぞれを別々の考え方として，「どれもいい考えだね」で終わるのではなく，今回は4＋3＝7という整数の式を記述している子を取り上げ，式を解釈させることを通して，全てが4＋3＝7という式とつながっているという気付きをねらいました。

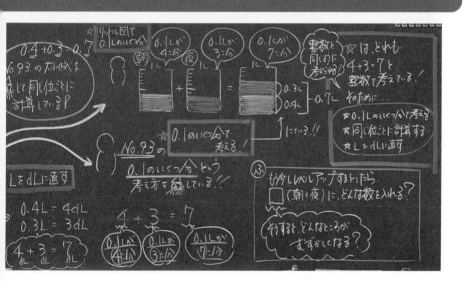

小数の学習で大切にしたい「0.1（単位小数）のいくつ分」という考え方が，子どもが出したそれぞれのアイデアに表れるように吹き出し等で板書しました。（関連スキル▶1）

授業の流れ

【本時のめあて】

小数の表し方や仕組みに着目し，整数のたし算と関連付けながら，小数第一位同士の小数のたし算の計算方法を考えることができる。

❶問題場面を把握し，見通しをもつ (10分)

> りょうさんは，朝と夜に牛にゅうをのみました。
> 朝は□L，夜は□Lのみました。1日に合計何Lのみましたか。

□を使って情報を不足させた問題を提示すると，子どもは問題に働き掛ける必要が出てきます。「□のままでは分からない」「□に入る数を教えてほしい」などの声があがるでしょう。また，□になっていても分かることもあります。この問題場面がたし算の場面だということです。そういった問題場面の把握を情報不足のまま行うことで，足場を揃えることができます。

T：朝は0.4L，夜は0.3Lだよ。ノートに式と答えを書いてみましょう。
C：0.4+0.3=0.7だよ。
C：そうそう。簡単すぎるね。
T：本当に0.7でいいの？
C：説明できるよ。前の学習を生かせばいいんだよ！

0.4+0.3=0.7になることを，これまでの学習を生かして説明するよう投げ掛けます。その際，すぐに自力思考に入るのではなく，隣の人と話す時間を設けます。今回は，「生かすことができそうな既習」について，隣の人とノートを見返しながら相談し，その後ノートに考えを書くように指示しました。こうすることで，全員がノートに何かしら考えを書くことができます。

❷考えと考えを関連付けて理解する （27分）

　子どもの様子を見て回ったところ，大きく５つのアイデアが見られました。

> ①同じ位ごとに計算する　　　　　　②0.1のいくつ分で考える
> ③液量図を用いて0.1のいくつ分を表す
> ④数直線を用いて0.1のいくつ分を表す　　⑤ L を dL に直して考える

　このどれにも「整数と同じように（十進位取り記数法の仕組みで）考える」という発想がかくれています。そこで，教室を回った際に，$4＋3＝7$ とノートに書いている子を抽出しておき，式を板書しました。

T：○○さんがノートに $4＋3＝7$ と書いていたんだけど，どうやって考えたのか，気持ちが分かるかな？　班（３人）でお話してみよう。

　班ごとの話合いでは，数人が前述の②と⑤の話をしていただけで，①を話題にしている子がほとんどでした。そこで，全体の話合いでは，多くの子が解釈した①から取り上げることにしました。

C：○○さんは，小数第一位だけを足そうとしたんだと思うよ。

C：そうそう！　前の授業でやった大小比べを生かして，同じ位ごとに計算しているんだよ。

C：僕は違う考え方だよ。前に学習した0.1L＝1dLという考えを生かしているんじゃないかって予想しました。

C：あー！　確かに！　それは思

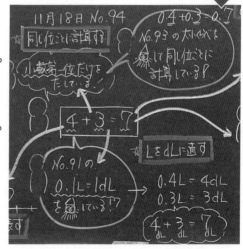

い付かなかったなあ。0.4L ＝ 4 dL で，0.3L ＝ 3 dL だから，4 dL ＋
　3 dL ＝ 7 dL だもんね。
C：L を dL に直して考えても，4 ＋ 3 ＝ 7 になるね。

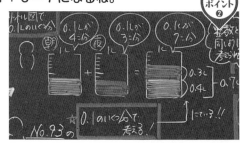

C：僕も違う考えで……0.1のい
　くつ分ってやったでしょ？
　それかと思った。
C：0.4は0.1が 4 個分で……
C：あー！　それか！　確かに，
　0.1のいくつ分で表しても 4
　＋ 3 ＝ 7 だね。

C：もしかして，どんな考え方を
　しても 4 ＋ 3 ＝ 7 になるんじ
　ゃない？

　数直線と液量図を用いた考え方は，この後に取り上げました。
　子どもの発話だけを列挙しましたが，教師は何も発していないわけではあ
りません。子どもの思考の交通整理をしたり，一部の気付きを全体に広げた
りするため，「今の○○さんの言ったことはどういうことかな？」「自分の言
葉でいいからもう一度お話してくれませんか？」「○○ってどの部分のこと
かな？」などと言葉掛けや問い返しをしたりしています。

C：えー！　じゃあ，どの考えも全部 4 ＋ 3 ＝ 7 で考えているってこと!?
　すごいね！

❸発展した問題を考える（8分）

　提示した問題には□を用いました。そのよさの 1 つとして，数値を変える
ことで他の場合について考えられることがあげられます。今回も学習内容を
まとめた後には，他の場合を考える展開にしました。

T：整数と同じように考えるために，みんながしたことはどんなことだった
　　かな？
C：0.1のいくつ分で考える。
C：同じ位ごとに計算する。
C：LをdLに直して考える。

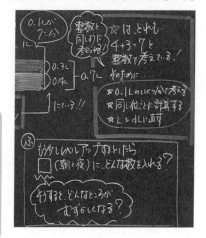

【振り返り】
①この問題をもう少しレベルアップさせ
　るとしたら，2つの□（朝と夜）にど
　んな数を入れるか？
②どんなところが難しくなるか？

A児：1.4+1.1 ⇒一の位が0じゃないと足す部分が増える。
B児：1.3+1.9 ⇒くり上がりが出てくると難しい。
C児：7.8+2.8 ⇒2回くり上がりになる。
D児：　1+1.5 ⇒整数と小数のたし算。
E児：1.2+2　 ⇒筆算するときの書き方に困る。
F児：0.9+2.1 ⇒小数第一位が0になったらどうするか。

　別々の考えだと思っていたものが最終的につながるというところに子ども
は感動していました。
　また，授業の終末場面では，子どもにレベルアップさせた問題を考えさせ
ました。子どもが作った問題は実に多様であり，こちらが扱いたいと思う主
なパターンは全て網羅していたので，子ども自身が作った問題を次時の問題
として扱うことにしました。授業内で取り上げなかった子については，自分
の問題は誰の問題と似たパターンかを問い，迷ったものについては全体で確
認するようにしました。

みんなが平等になる玉入れを
考えよう

板書

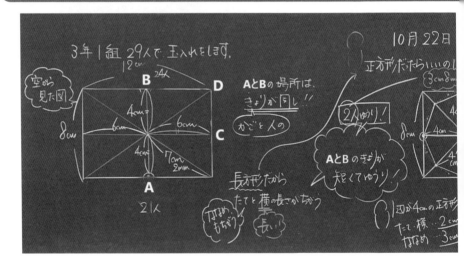

板書ポイント❶　今回特にアンテナを張っていたのは，「うまくいかない」「○○だったらいいのに」などの気付きやつぶやきです。そういった言葉を逃さずに板書し，全体に広めていくことを意識しました。

（関連スキル▶1）

　今回は長方形の図を提示しました。長方形から入ることで「正方形だったらいいのに」という思いを引き出しやすいと考えたからです。子どもにとって正方形は最も整った形であるというイメージが強く、ななめの長さもたてと横と同様に等しいと捉えている子は少なくありません。そのことに気付かせ、正方形でも等しくならないななめの長さを修正しようと、少しずつ円へと近付けていく展開を構想しました。

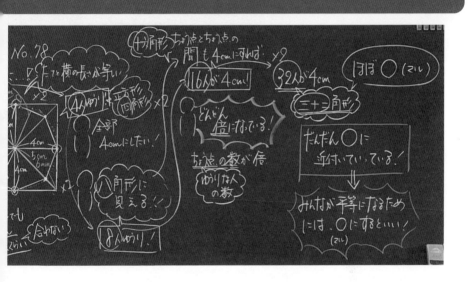

正方形が話題の中心になると考え、板書の中心に位置付けました。この正方形をもとにして円に近付けていくという思考を辿るような展開になると考えました。（関連スキル▶2）

授業の流れ

【本時のめあて】

　長方形や正方形の中心と頂点や辺との距離を調べたり，長さが等しくなるよう修正したりする活動を通して，中心からの距離が等しい形が円であることに気付く。

❶長方形の辺や頂点と中心との距離を調べる（10分）

T：3年1組29人で玉入れをします。どこから投げたいですか？　ノートに書いてみましょう。

　長方形の枠の外からしか投げることができないことを示します。子どもには図が描かれた紙を配付します。

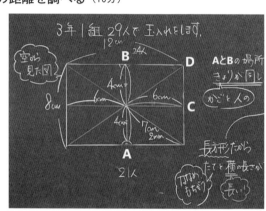

　子どもの考えは大きく3つに分かれました。

①長方形の中心の上下（A）（B）　⇒　中心からの長さ4cm
②長方形の中心の左右（C）　　　⇒　中心からの長さ6cm
③長方形の頂点（D）　　　　　　⇒　中心からの長さ7cm2mm

C：長方形だから長さが違うんだよ。たての長さより横の長さが長いから。長方形だとAとBだけ有利になっちゃうよ。
C：そうだよ。長方形だから悪いんだよ。正方形だったらいいのに……

❷正方形をもとに中心との距離を修正する（20分）

　長方形の問題点に気付き，正方形に目を向け始めた子どもに，正方形だとどうして問題点がクリアされるのかといったことを問います。

T：どうして長方形だとダメで
　　正方形だといいのかな？
C：正方形は，たてと横の長さ
　　が等しいから有利な人が増
　　えるよ。
C：うんうん！　そう思う！
　　正方形ってななめの長さも
　　等しくなるのかな？
T：ノートに正方形を描いて調
　　べてみましょう。

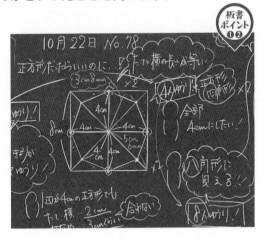

　ここでは，正方形の辺の長さはあえて指定せずに調べさせました。そうすることで，どの正方形でもななめの辺の長さはたて・横の長さとは等しくならないことを理解できると考えたからです。

> 　今回は，2種類の正方形（①がメイン）を取り上げました。
> ①1辺が8cmの正方形（たて・横⇒4cm，ななめ⇒5cm6mm）
> ②1辺が4cmの正方形（たて・横⇒2cm，ななめ⇒2cm8mm）

　正方形でも平等にならないことを確認します。正方形のななめの長さに着目させ，ななめの長さをどう修正すると平等になるかを問います。正方形のななめの長さを4cmにすると，正八角形になり，その次は正十六角形……と次第に円に近付けていくことができます。

C：正方形にすると，４か所有利になったけど，ななめの人が不利だね。

T：ななめの長さがどうなるとうれしい？

C：ななめも（中心までの距離が）たてや横みたいに４㎝になればいい。

C：（中心までの距離が）４㎝の場所をつないだら八角形みたいに見えるよ。
　　これで８人が有利な場所に立てるようになったね。

C：この調子でどんどん同じ４㎝の場所を増やしていけばいいんじゃない？

❸図形を円に近付ける （15分）

　定規で長さを測って，正八角形で４㎝になっていないところを探すよう投げ掛けます。頂点は全て４㎝であることを押さえた上で，それ以外のところを調べることを確認してから活動させます。

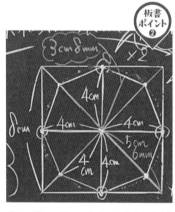

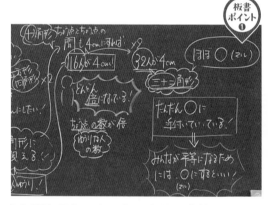

C：３㎝８㎜のところは全部で８か所あるね。ということは，全部４㎝にできたら16人が有利なところに立てるよ。

C：頂点と頂点の間を４㎝にすると，十六角形になるね。

C：あれ!?　おもしろいね。どんどん倍になっているよ。

T：○○さんの「倍になっている」が見えるかな？

C：あっ！　見えたよ。有利になっている人の数が倍になっているんだ。

C：えっ？　頂点の数じゃないの？

C：どっちも同じことだと思うよ。頂点の数と有利な人の数って同じことで

しょ?

　子どもの気付きやつぶやきが次々に発せられているとき，教師はスムーズ
に授業が流れていると感じてしまいがちです。しかし，こういったときは置
いていかれている子がいることが多いです。こういうときこそ，全体をよく
見て，全員の学びを揃えることを意識することを心掛けます。

C：だったら，次は32人が有利になる三十二角形ができるってことだね。
C：あっ！　これならうちのクラスの29人が全員有利になるよ。
C：先生！　三十二角形ってほとんどマルだよ。きっと。
C：本当だね。どんどんマルに近付いていっているね。みんなが平等になる
　　ためには，マルにすればいいんじゃない？
T：なるほど。では，次回はマルにすると，本当に中心までの距離がどこも
　　等しくなるのか調べてみることにしましょう。

　長方形という問題の条件（今回で言うと「29人で（平等に）玉入れをす
る」）に合わない導入をすることで，子どもがよりよい形に修正していく展
開を目指しました。正方形を修正しようとしたときに，円の形が既に見えて
いた子も数人いましたが，全員で段階的にゴール（円）に辿り着くことを目
指したため，「ななめの長さがどうなったらうれしい？」という見る部分を
あえて限定するような問い返しを行いました。少し誘導的になってしまった
ことが反省点ですが，スモールステップで展開することにより，多くの子が
どう修正するとよいかを一生懸命思考する授業となりました。

二等辺三角形はどこまで太らせることができるだろう

板書

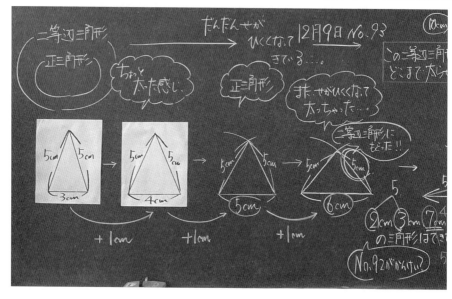

二等辺三角形の底辺を1cmずつ伸ばしていくという場面であり，視覚的に変化を感じ取りやすくするため黒板をワイドに使うことにしました。どこまで二等辺三角形として成り立つかという線引きをする上でも，ワイドに使うことが生きてきます。

（関連スキル▶3）

　この活動は，コンパスを用いた作図の仕組みを振り返ることにもつながります。等しい長さの点（その集まりが円）を作図することができるというコンパスの仕組みを振り返り，三角形ができるということは，辺と辺が交わる（コンパスで引いた線と線が交わる）ということなのだと，実感を伴いながら学ぶ子どもの姿を期待したいです。

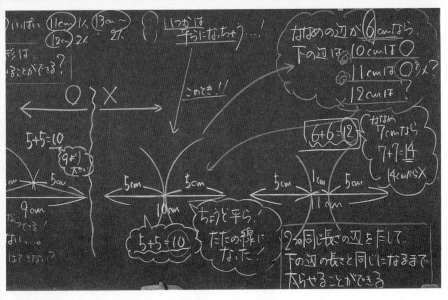

今回は，三角形がどのように変化していくかということに関する子どものつぶやきを吹き出しとして板書することを意識しました。吹き出しを見て，新たな気付きが生まれることも期待したいところです。（関連スキル▶1）

授業の流れ

【本時のめあて】

　二等辺三角形の底辺を伸ばしていくという活動を通して，二等辺三角形と正三角形の関係について理解するとともに，やがて二等辺三角形を作図することができなくなる（直線になる）ことを理解する。

❶問題場面の把握と課題を焦点化する (20分)

　二等辺三角形（5㎝／5㎝／3㎝）の底辺を1㎝ずつ伸ばしていくと，三角形がどのように変化していくかについて考える活動です。①（5㎝／5㎝／3㎝）⇒②（5㎝／5㎝／4㎝）……と提示し，ノートに作図させていきます。

T：3㎝から4㎝ときて……さらに1㎝伸ばすとどうなるかな？

　　（③ ［5㎝／5㎝／5㎝］）

C：次は二等辺三角形じゃなくなるよ。

C：正三角形になるね。次は，また二等辺三角形に戻るんじゃないかな。

C：だんだんと背が低くなって，太ってきているね。

　この流れで正三角形と二等辺三角形の関係（正三角形は二等辺三角形の特殊な場合であること）について押さえます。

　三角形を横に並べていき，変化を視覚的に捉えやすくするとともに，図形の変化

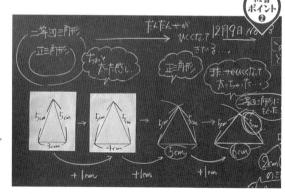

についての気付きを吹き出しで板書として残しておきます。今回は，「太った」という子どもの表現がそのまま，本時の中心課題として位置付くことと

なりました。

C：二等辺三角形をこのまま太らせていったらど
　　うなるんだろう？（子どもから出なければ，
　　こちらから発問してもよい）

C：いつかは平らになっちゃうんじゃない？
C：10cmまではいけそう。いや11cmかな。

> 10cm：多数　　　11cm：1人　　　12cm：2人　　　13cm以上：2人

　自分の考える長さに挙手させたところ，上記のように考えが分かれました。
この後，7分ほどノートに描いて調べる時間をとりました。個人で調べても
いいし，近くの人と協力してもいいこととしました。

❷作図できなくなる理由を考える （15分）

　「□cmまではできた」などの子どもの発言を受けて，「確かめてみよう」と
黒板に作図しながら全体で確認していきます。

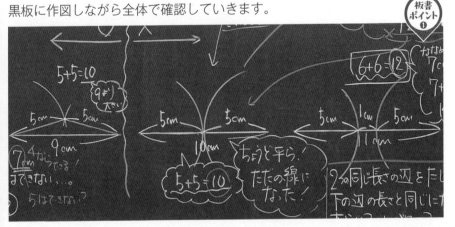

　作図の可否が分かれる境界（底辺が9cmと10cm）をはっきりさせることで，
作図できる場合と作図できない場合を比較しやすくします。

T：9cmまでは二等辺三角形になるけど，10cmからは二等辺三角形にならな
　　いということだね。どうして9cmと10cmで分かれるのかな？

C：分かったよ。5＋5＝10でしょ？　この10よりも大きいか小さいかで分
　　かれているんじゃないかな。

T：式が出てきたね。5＋5＝10ってどこのことを言っているのかな？

C：5＋5＝10は，ななめの2つの辺の長さのことだよ。

C：そっか。ななめの2つの辺の長さの合計が10cmだから，下の辺の長さが
　　10cmだとちょうど平らになるのか。だから下の辺でちょうど交わって頂
　　点ができるんだね。

C：ななめの2つの辺の合計が10cmだから，下の辺が11cmのときは交わらな
　　いんだね。

❸他の場合も考え，学習内容をまとめる (10分)

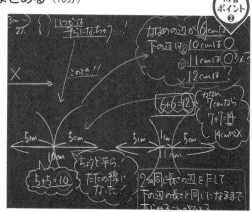

板書
ポイント
❷

　ななめの辺の長さが5cmでは
ない場合（6cmや7cm）を話題
にすることで，どんな場合にも
言えることだと気付かせます。
ここまでの学びを踏まえて本時
の中心課題としてあがった「二
等辺三角形はどこまで太らせる
ことができるか」についてノー
トに自分なりにまとめさせます。

A児：ななめの2つの辺の長さを足して，下の辺の長さよりも短ければ
　　　いい。

B児：ななめの2つの辺の長さを足して，下の辺の長さと同じになるま
　　　では太らせることができる。

全員が自分なりにまとめることができたら，子どもの言葉を用いて「学習
のまとめ」を板書します。

C：もしかして，一般三角形の作
　　図とも関係している気がする。
　　前の授業で，一般三角形を作
　　図したときに，2㎝/3㎝/7
　　㎝の三角形はできなかったん
　　だけど，これも2＋3＝5㎝
　　で，7㎝は5㎝を超えている
　　からできないんじゃないかなって思って。

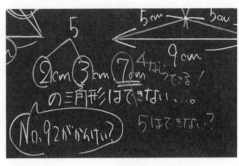

C：そういうことか。もし7㎝のところが4㎝とかならできるかも。
T：おもしろいことに気付いたね。前の学習とつなげて考えているところが
　　素晴らしいですね。ぜひ調べてみてください。

　「問題場面の把握」から「課題の焦点化」，「試してみる」ということを丁
寧に行うことを特に意識しました。前半で全員の学びをある程度揃えながら
進めていった結果，後半の理由を考える場面でも，ほぼ全員を話合いの場に
乗せることができました。抽象的な説明（数や式）になった場合は，できる
だけ具体（図）に戻して解釈，理解させるよう心掛けました。
　本時で二等辺三角形という特殊な形を扱い，次時で一般三角形へと話を広
げていこうと考えていたのですが，そこにも着目する子どもが出てきたこと
に大変驚きました。子どもの豊かな発想にはいつも驚かされます。

このデータを表したぼうグラフは
どれだろう

板書

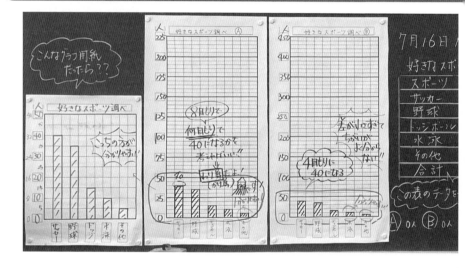

板書ポイント❶　一目盛りの大きさが異なるⒶ～Ⓒのぼうグラフを比較しやすいように横に並べて提示しました。（関連スキル▶3・6）

データの大きさによって適切な一目盛りの大きさがあることに気付くことが今回のねらいです。そのために大きく3つの手立てを用意しました。

①同じデータを表した3つのぼうグラフを提示する。

②一目盛りの大きさに着目させ，同じデータからできていることを理解させる。

③不適切な一目盛りの大きさのグラフを適切な大きさに修正させる。

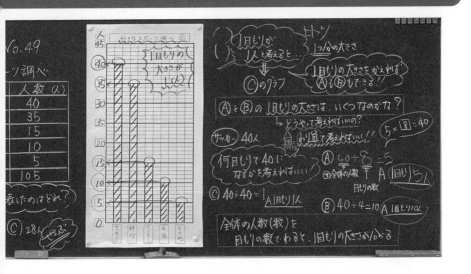

Ⓐのグラフと一目盛りの大きさが同じになる最後にかき込むグラフ用紙を隣に並べることで，グラフ用紙の目盛りの数に合った一目盛りの大きさを考えることの必要性に気付かせようと考えました。（関連スキル▶3・6）

【本時のめあて】

　同じデータを表した複数のぼうグラフを比較する活動を通して，データの大きさによって適切な一目盛りの大きさがあることに気付く。

❶考えのずれから問いをもつ （10分）

　表と④〜©のぼうグラフを順に提示します。グラフは全て同じデータを用いており，一目盛りの大きさのみが異なります。

④一目盛りの大きさが５人
⑧一目盛りの大きさが10人
©一目盛りの大きさが１人

Ｔ：この表のデータを表しているグラフはどれかな？

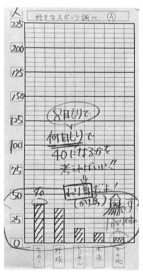 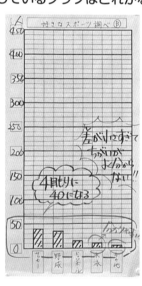 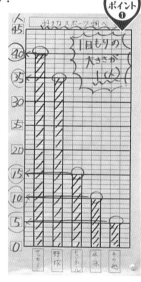

板書
ポイント
❶

④０人　　　　　⑧０人　　　　　©28人

板書
ポイント
❶

Ｔ：どうして©のぼうグラフだと思ったのかな？

C：一目盛りが１人と考えると，©のグラフはサッカーが40人になっている。

C：そうそう。他のスポーツも同じだよ。その他の５人というのが分かりやすいかも。

T：一目盛りの大きさに着目したんだね。©はあってそうだね。

C：あれ？　でも待って！　一目盛りの大きさを変えれば⒜や⒝もできるかも。

C：あっ，そうか！　一目盛りの大きさが違うだけなのかな？

C：えっ⁉　どういうこと？

C：実は全て同じデータで，一目盛りの大きさが違うだけだった，てことだよ。

C：あー！　でも⒜や⒝の一目盛りの大きさはいくつなの？

C：そもそも，どうやって考えればいいのかよく分からないんだけど……

　一目盛りの大きさが適切でないと，データの大きさや違いが分かりづらくなるということが，３つのグラフを提示したときの子どもの反応からよく分かります。どうして⒜や⒝のグラフを選ばなかったのか？と子どもに問えば，「だって……」とその理由を語ってくれることと思います。

❷一目盛りの大きさに着目して解決する（20分）

　すぐに自力思考に入ると，困っている子が全く手をつけられない状況に陥ってしまいます。着眼点を示し，全体の学びを揃えながら進めていきます。

T：⒜から考えてみましょう。先ほどみたいにサッカーに着目して考えてみるとどうかな？

C：何目盛りで40になるかを考えればいいんだよ。

C：なるほど。８目盛りで40ということは……

C：そっか。わり算で考えればいいんだよ。

C：あっ！　分かった！　そういうことか。

T：わり算で考えるといいってことだけど，Ⓐ と Ⓑ の一目盛りの大きさはいくつになるか求めてみましょう。

C：Ⓐは40÷8＝5だから一目盛りは5人だね。

C：だったらⒷは40÷4＝10だから一目盛りは10人だね。

C：全体の人数を目盛りの数で割ると一目盛りの大きさが分かるね。

C：ということはどれも表のデータを表したグラフだったってことだね。

❸ よりよいグラフについて考える（15分）

T：このデータを表したぼうグラフとして一番ふさわしいのはどれかな？

C：どれも正しいグラフだけどⒶとⒷは上の方が空きすぎているよね。上の部分いらないんじゃないかな。Ⓒはグラフ用紙にちょうどよくおさまっているよ。

C：Ⓑのグラフは，Ⓒと比べると差が小さすぎて，違いがよく分からない。

C：だったらⒶも違いがちょっと分かりづらいかな。

ここで，目盛りだけが入ったグラフ用紙を提示し，グラフをかく活動を取り入れます。

このグラフは，Ⓐのグラフの50より上の部分をカットしたものです。

Ⓐのグラフと一目盛りの大きさが同じになるグラフ用紙を隣に並べることで，グラフ用紙の目盛りの数に合った一目盛りの大きさを考えることの必要性に気付かせようと考えました。

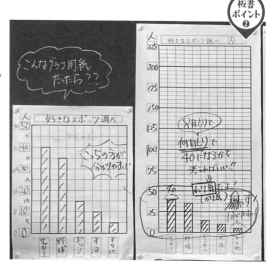

C：今度は，一目盛りの大きさをいくつにすればいいんだろう？

C：一番上まで10目盛りしかないから一目盛り１人では足りないし，10人だと多すぎるね。

C：一目盛り５人だと……一番上が50か。ちょうどいいね。

C：あれ？　このグラフ，Ⓐのグラフと同じだね。グラフ用紙の目盛りの数が少ないからさっきよりもぴったりになったね。

C：こっちの方が分かりやすいね。

C：グラフ用紙の目盛りの数や大きさとデータが合うようにすると，分かりやすく見やすいグラフになるんだね。

　今回提示した３つのグラフは全て同じデータを用いています。違うのは，一目盛りの大きさだけです。一見すると，全く違うものに見えますが，実は全て同じデータからできたグラフということです。つまり答えは１つではなく，全部正解となるわけです。見方を変えることで別のものに見えていたものが同じに見えるというパターンの展開を私はよく用います。子どもにも，ぜひそういう見方をしてほしいと常々考えているからです。

　子どもが活発に議論していたのは，「１つ分の大きさ」についてです。分数では「単位分数の大きさ」に着目することが大切ですし，小数では「単位小数の大きさ」が大切になります。

　ぼうグラフの学習に限らず，グラフの学習では，「一目盛りの大きさ」に着目してグラフを読みかきすることが大切になります。今回の授業でも多くの子がつまずいたように，一目盛りの大きさに着目することの大切さには気付いたけれども，どのようにして一目盛りの大きさを求めたらいいかが分からないという子は多いです。ここでは，わり算の学習と関連させ，全体を何等分しているのかということを見出すことができるように意識して展開しました。

数の世界（位）を広げよう

板書

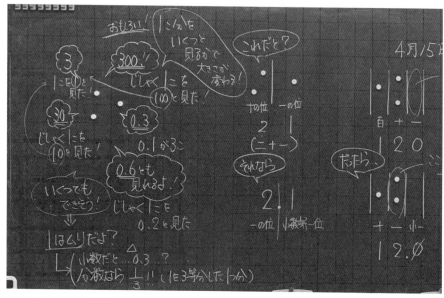

 板書ポイント①

授業を３つの段階に分けてイメージし，板書の構成も大きく３つに分けるよう意識しました。

①３個の磁石から自由に数を表現させる場面

②区切り線によって位を広げていく場面

③新しい学習内容（億の位）に触れる場面

（関連スキル▶7）

　同じ3個の磁石でも，1つ分の大きさをいくつと見るかによって表される大きさが変わります。導入では，3個の磁石から，多様な数の見方を引き出しました。その後は，区切り線を引くことで位取りを表現させ，数の見方をさらに広げていきます。新しい単位（億）が必要になるまで区切り線を増やし，十進位取り記数法のきまりを意識させながら，「万万」という表現のおかしさを語らせる展開にしました。

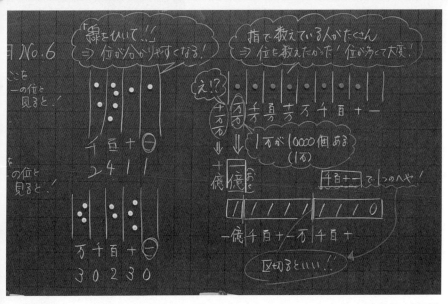

単元で大切にしたい考え方（1つ分の大きさや十進位取り記数法）や算数の学習を通して育てたい考え方や姿が見られた場合に吹き出し等で可視化することを意識しました。

（関連スキル▶1）

授業の流れ

【本時のめあて】

　「万万」という位の表現に違和感をもち，「千百十一」というまとまりに着目して，次の位の必要性を感じる。

❶黒板に貼った磁石から数をイメージする (10分)

　黒板に磁石を３個貼り，どんな数で表せ
るかを問います。すると，全員が「３」だ
と答えました。そこで，３以外の数で表す
ことはできないかと問い返します。

C：30とも見れるかも。

T：今，「30」という声が聞こえたけど，
　　その気持ちが分かる？

C：磁石１個を10と見たんだと思う。

　「だったら……」と「300」や「0.3」，「0.6」と，「30」と同様に考え，
「（磁石）１個分を□と見る」という見方をさせることができました。

　また，「それならいくつでもできそう」との声に，「１は無理だよ」という
反応が返ってきました。小数で考えていた子どもは３個分で１になる数が見
付けられずにいましたが，ある子が「分数ならいけるよ！　$\frac{1}{3}$ だ。１を３等
分した１つ分だもん」と気付きました。このやりとりは，本時の学習とは直
接的には関係ないですが，算数で大切にしたい考え方の１つでもあるため，
子ども同士のやりとりに付き合い，考えを広げていきました。

❷区切り線により，新しい世界（位）を広げていく（10分）

　先ほどと同様に３個の磁石を黒板に貼り，１本の線を引きます。

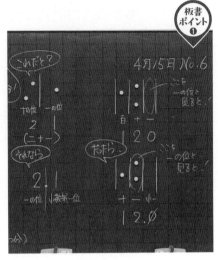

T：今度はいくつに見える？

C：21！

T：21と言った人の気持ち分かる？
　　隣の人と話してみよう。

C：２個の磁石がある方を十の位と見
　　て，１個の方を一の位と見たんだ
　　と思う。

C：それなら，2.1と見ることもでき
　　るよ。

C：分かった。２個の方を一の位，１
　　個の方を小数第一位と見たんだ。

　同様にして，空位のある120についても扱い，位を少しずつ広げていきました。活動❶で行った「（磁石）１個分を□と見る」という見方が「線で区切られた１つの部屋を□の位と見る」という見方をすることに，子どもの中で柔軟に生かされています。

❸子どもが考えた問題を使って世界（位）を広げる（10分）

　ここからは，子どもに操作を委ねることにしました。そろそろ，自分たちでもやってみたいと思ってくるころです。「８個の磁石を用いて，問題を出すとしたら，どのように磁石を置くか？」をノートに表現させ，その中からある程度意図的に指名し，黒板の前で出題させました。なお，少しずつ位を大きくしていけるよう，段階を踏んでいくことにしました。

　なお，位を大きくする方に限定をかけるため，一番右に置いた磁石（もしくは部屋）を一の位と見るように指示しています。

C：（１人目が黒板の前に出て，磁石を貼る）いくつでしょう？

C：線を引いて！

T：どうして線を引いてほしいと言ったの？

板書ポイント❶❷

C：だって線がないと位がはっきりしないから。位を分かりやすくするためだよ。

T：位をはっきりさせるためには，線を引くことが大切なんだね。

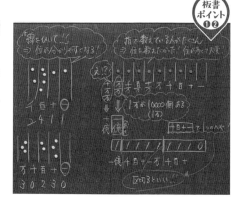

　子どもの何気ないつぶやきの中に単元（本時）で身に付けさせたい大切な見方・考え方を引き出すためのチャンスが隠れています。あらかじめ身に付けさせたい見方・考え方を想定しておき，問い返したり，揺さぶったりすることでそれを引き出すことができます。今回は，「なぜ？」といった理由を問うことで引き出しました（「位を指で数え始めた」という場面も同様）。

❹億の位まで世界を広げる（15分）

　いよいよ新しい位へと世界を広げていきます。１つの位に１個ずつ磁石を配置していた子を指名し，前に出させました。ここで指名するのは，位を一番多く広げていた子にするとよいです。磁石を貼り終わったところで，こっそりと区切り線を１本足します。

　すると，位が大きくなったためか，子どもは指で数え始めました。

C：一，十，百，……千万，万万

C：一，十，百，……千万，一億……えっ!?

T：２種類の声が聞こえてきたね。先生は「万万」かと思ったんだけど……

C：違うよ。一億だよ。万万っておかしいでしょ。

T：万万と考えた人の気持ちは分かる
　　かな？　隣の人と説明したら座り
　　ましょう。
C：千万の次だから万万って言ったん
　　だと思う。
C：一万が10000個あるから万万って
　　考えたんだね。
C：気持ちは分かるけど，やっぱりお
　　かしいよ。一，十，百，千の4つ
　　で1つの部屋だから万も千万で終わり。

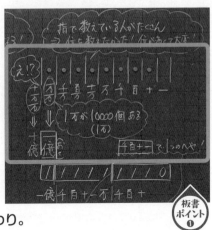

　このようなやりとりの中で，新しい位「億」を導入しました。万万という
誤った考えが出ない場合は，教師がとぼけながら提示してもいいです。誤答
には子どもの発言意欲を倍増させる魅力があり，そこには大切な見方・考え
方が潜んでいます。最後の5分間で本時の振り返りを記述させました。

　磁石を用いたことの理由は，手軽さの他にもあります。
　1つは，位取りをする必要性を子どもが感じやすく，自然と位取りをし始
めることです。本時でも「線を引いてほしい」という声が生まれ，位取り表
への接続がスムーズになりました。
　2つ目に，シンプルゆえに分かりやすく，視覚的に大きさを感じ取ること
ができるという点があげられます。「次は自分がやりたい！」という意欲を
掻き立てることができ，休み時間等に自分たちでクイズを出し合う子どもの
姿や自主学習で自分なりに数値を設定して学習してくる姿も見られました。

【参考文献】
『参観授業で使いたい！算数教材30』細水保宏編著（東洋館出版社）

1mの大きさを基準にして考えよう

板書

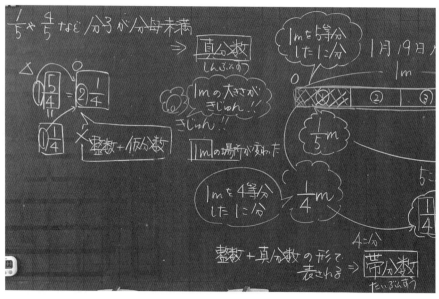

板書ポイント❶

話合いのメインとなる図を黒板の中心に据え，1mを5等分したときと4等分したときの考えを比較するように意識して板書しました。（関連スキル▶2）

板書されたテープの長さは変えずに，1mの位置が変わったら……と仮定することで表現される大きさも変わってくるという場面を問題にしました。「1mの場所が変わっているから」「1mが基準だ」「1つ分は$\frac{1}{4}$mだ」などというように，見た目上の分けられた数（テープ全体が5等分されていること）に惑わされることなく，1mを何等分しているのかということに着目することを目指しました。

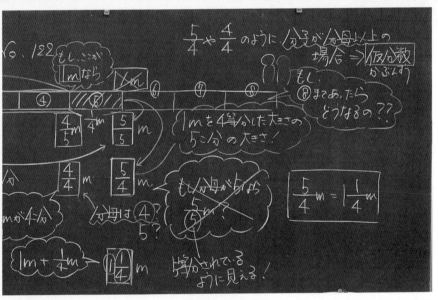

板書ポイント❷

本時だけでなく，分数の単元を通して大切にしたい「単位分数のいくつ分」を表しているのかということを吹き出しで可視化することを心掛けました。（関連スキル▶1）

授業の流れ

【本時のめあて】

　真分数の意味を理解するとともに，１より大きい量の表し方を考え，２通りの表し方（帯分数と仮分数）を理解する。

❶考えのずれから問いをもつ (10分)

　１ｍを何等分しているかによって表現される大きさが変わるのが分数の特徴です。まずは，「１つ分の大きさ」すなわち単位分数の大きさについて確認しました。今回提示したのは１ｍを５等分したテープです。

Ｔ：この１ｍは，何分の何ｍと表現すればよいかな？

Ｃ：$\frac{5}{5}$ｍでしょ。

Ｔ：どうして$\frac{5}{5}$ｍと言えるのかな？

Ｃ：１ｍを５等分したうちの５個分の長さだからだよ。

Ｃ：そうそう。１ｍを５等分した１個分が$\frac{1}{5}$ｍでしょ。その５個分だから$\frac{5}{5}$ｍだよ。

Ｔ：では，もし，さっき$\frac{4}{5}$ｍ（①〜④）だったところが１ｍだとしたら，このテープは（①〜⑤）何分の何ｍになるのかな？

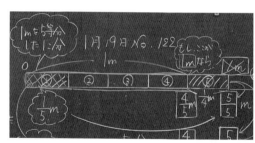

$\frac{5}{5}$ｍ：9人　　　　$\frac{5}{4}$ｍ：19人

　１ｍの位置が変わったことで，２通りの考えが生まれ，子どもの中に「どっちが正しいのか？」という問いが生まれました。

$\frac{5}{4}$m と考えた子は，1 m を等分する数が変わったことで，1 つ分の大きさも変わったと捉えています。一方，$\frac{5}{5}$m と考えた子は，1 m の位置は変わっても，見た目上のテープの大きさは変わっていないことから，1 つ分の大きさは$\frac{1}{5}$m のままだと捉えています。

❷単位分数の大きさに着目して解決する (25分)

　$\frac{5}{5}$m と考えている子の論理から確認していきます。そのままだと矛盾が生じることに気付かせ，子どもの力で修正させていきます。今回で言うと，$\frac{5}{5}$m の考えを適用すると「$\frac{4}{5}$m ＝ 1 m になってしまう」という矛盾に気付かせたいです。

C：テープ全体の長さは変わってないでしょ？　だから$\frac{5}{5}$m だと思う。

C：さっきと同じで 1 個分は$\frac{1}{5}$m だから，その 5 個分だったら$\frac{5}{5}$m になるんじゃないの？

T：なるほど。確かに言われてみればそんな感じがしますね。

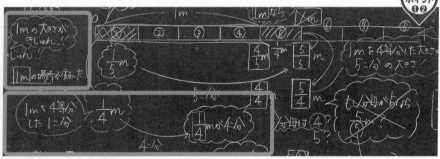

C：違うよ。今回は 1 m の場所が変わったでしょ。それだと$\frac{4}{5}$m ＝ 1 m となってしまうよ。

C：さっきまでは 1 m が 5 等分されていたけど，今度はさっきまで$\frac{4}{5}$m だったところが 1 m になっているでしょ。だから，1 m が 4 等分されたことになっているんだよ。

C：つまり，さっき$\frac{4}{5}$m だったところが$\frac{4}{4}$m になったんだよ。

C：そっか。1mの場所が変わって，1mが4等分される形になったから1mを4等分したうちの4個分で$\frac{4}{4}$mか。

C：1mの大きさが基準ってことだね。騙されるところだった。

C：ということは，このテープは1mが4等分された5個分ということになるから$\frac{5}{4}$mの方だね。

　$\frac{5}{5}$mではなく$\frac{5}{4}$mであるという理由について，ペアで確認してからノートに整理させることにしました。モヤモヤしていたことがスッキリしたタイミングで，ペアで話をさせたり，ノートに再表現させたりすることをよく行います。このようなタイミングで，自分なりに表現する時間を設けることで，終末場面で振り返るよりも表現できる子が増えます。その結果，学びをより自覚しやすくなると考えています。

❸真分数と仮分数，帯分数について知る（10分）

　最後に，真分数と仮分数，そして帯分数について指導しました。

T：最後に確認です。$\frac{5}{4}$mってどんな大きさ？と問われたら何と答えますか？

C：$\frac{1}{4}$mが5個集まった長さ。

C：1mよりも$\frac{1}{4}$m大きい長さ。

T：どちらも正しい表現ですね。1mよりも$\frac{1}{4}$m大きいということを表現するために，帯分数というものがあります。

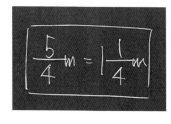

　授業終末の振り返り記述に「もし，テープが⑤の部分で終わりではなく，⑧まであったとしたら，$\frac{5}{4}$mの部分は$\frac{5}{8}$mとなるのか？」ということを書い

ていた人が２人いました。この新たな問いをもとに，次時は，量分数と割合
分数の違いを考えさせる１時間にしました。

　子どもの追究がすごく，少し散らかってしまって見づらいですが，下の写
真が次時の板書です。

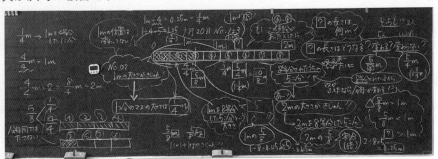

　全員が $\frac{5}{5}$ m だという誤答に流れることはないとは思いますが，もしそう
なってしまった場合には，子どもも発言していましたが，「$\frac{4}{5}$ m ＝１m」と
いう状態を提示したり，１m の位置をどんどん短く仮定していったりする
ことで揺さぶりをかけることを想定していました。

　また，最後に２人の子どもが振り返りに記述していた「もし，テープが⑤
の部分で終わりではなく，⑧まであったとしたら，$\frac{5}{4}$ m の部分は $\frac{5}{8}$ m となる
のか？」という内容もおおよそ想定通りです。量分数というものへの理解が
十分でないことと，分数を割合で捉える視点が生まれているということであ
ると考えます。子どもの分数に対する捉え方を丁寧に扱いながら，分数の
様々な表し方を学んでいくことが大切だと思っています。

長方形はどっち？
対角線の特徴に着目して仲間分けしよう

板書

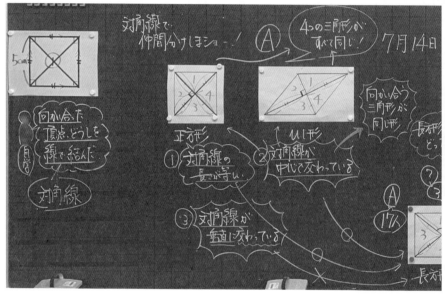

板書ポイント❶

黒板を半分に分け，四角形を左右に仲間分けしていく展開にしました。長方形がどちらのグループにも属すよう意図的な仲間分けを提示し，左右それぞれの対角線の特徴とつなげて考えることができるよう，長方形を中心に位置付けました。

（関連スキル▶2・4）

　着目する特徴によって長方形がどちらのグループにも属すような意図的な仲間分けを提示することで，考えにずれが生まれるようにしました。また，長方形を提示する前に，一度自分なりの分け方を考える場を設けることで，長方形がどちらに入るか？という段階で，自分なりの理由をもって仲間分けする姿を引き出すことをねらいました。

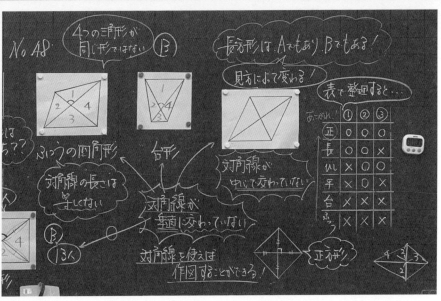

子どもの仲間分けの視点（対角線の長さや交わり方に関すること）を吹き出し等で可視化することを意識しました。

（関連スキル ▶ 1）

授業の流れ

【本時のめあて】

　6種類の四角形について，対角線の長さや交わる角度，交わる場所に着目して，その特徴を見出し，整理することができる。

❶用語を確認し，問題場面を把握する（10分）

　冒頭で，対角線の用語の指導を行います。そして，四角形を対角線で仲間分けすることを告げ，配付した6種類の四角形に対角線を引かせます。

T：四角形を対角線で仲間分けします。2グループに四角形を分けていきます。正方形は⒜グループです。正方形の対角線の特徴は何だろう？
C：2本の対角線の長さが等しい。

　ここでは，直角に交わるという気付きは出てきませんでした。出てくれば扱うとよいでしょう。この後，ひし形を⒜グループ。一般四角形と台形，平行四辺形を⒝グループというように分けて提示しました。

❷どんな仲間分けなのか考える（10分）

　⒜グループと⒝グループは，それぞれどんな仲間分けがされているかについて，対角線の特徴を調べながら予想させます。1人で考えてもよいし，相談したい場合は近くの子と自由に相談してもよいこととしています。

　対角線のどのような要素に着目しているのかということを見て回ります。

　ロイロノートなどのタブレット端末のアプリを用いれば，子どもがどこに着目しているかの把握もしやすくなります。図形の弁別には大変有効です。

C：ひし形も正方形と同じで，対角線の長さが等しいよ。Ⓑグループの2つ
　　は，どちらも対角線の長さが等しくないね。

C：あっ！　Ⓐグループは，どちらも対角線同士が垂直に交わっている。Ⓑ
　　グループは垂直じゃないね。

C：対角線と関係あるか分からないけど，Ⓐグループは，4つの同じ三角形
　　に分けられているよ。Ⓑグループはバラバラ。

❸長方形がどちらに入るか考える（25分）

T：長方形はⒶ，Ⓑどっちのグループに入りそうですか。

> Ⓐ：17人　　　Ⓑ：13人　　　分からない：3人

　上記のように考えが割れました。それぞれの仲間分けの観点を語らせる前
に，長方形がどちらのグループに入りそうかを問うことでずれが生まれ，ど
うして自分とは異なるグループになるのか？という問いが生まれます。

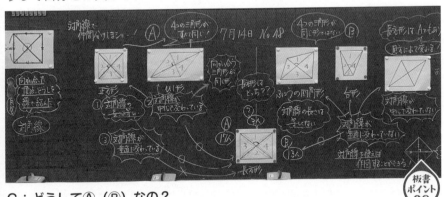

C：どうしてⒶ（Ⓑ）なの？

T：長方形がⒶグループと考えた人から，その理由を聞いてみましょう。

C：僕は，長方形も正方形やひし形と同じように，対角線の長さが等しいか
　　らⒶグループだと考えたよ。

C：確かにそれならⒶだね。私は違うところに着目してⒷグループだと考え

たよ。長方形は対角線が垂直に交わっていないでしょ？　さっき調べた
ときに，Ⓐグループは対角線が垂直に交わっているけど，Ⓑグループは，
対角線が垂直に交わっていないことが分かったから，長方形はⒷグルー
プだと考えたよ。

　　活動❶の際には出てこなかった対角線の交わり方にかかわる見方がこのタ
イミングで出てきました。そこで，全員に確認させようと思い，ペアで確か
めるよう促しました。

C：あっ！　本当だ！　交わり方には気付かなかったなあ。すごい！
C：僕もⒷなんだけど，ちょっと理由が違って……対角線を２本引くと，ど
　　の四角形も４つに分かれるでしょ？　そのときの形が……
T：ストップ！　○○さんはこの後，どんなことをお話ししようとしている
　　のかな？

　　ポイントとなる場面（本時で大切にしたい見方・考え方が出てきたときや，
着目する視点が切り替わるタイミングなど）では，一度止め，１人の考えに
ついて全員で考える場を設けることがあります。授業中についつい受け身に
なってしまうことは少なくありません。適度な緊張感と考える機会を意図的
に与えるように心掛けます。その際には，一度全員を立たせてからペアでお
互いが話をしたら座るなど，全員に話す機会を設けるようにします。

C：形って言ってたからな……。あっ！　もしかして，Ⓐは全部同じ三角形
　　に分かれていて，Ⓑは，同じ形になっていないということかな？
C：あー！　それなら長方形は確かにⒷグループだね！
C：そうかな⁉　長方形は真ん中じゃない？　だって，同じ形の三角形が２
　　ペアあるじゃん‼
C：あれ⁉　待って！　おもしろいことに気付いたかも！　同じ形に分かれ

ているってことだから……Ⓐグループは対角線がちょうど真ん中の交点
　で半分になっているよ。
C：2本の対角線が交わるところで，2本の対角線がそれぞれ半分の長さに
　なっているってことか。それなら長方形は……Ⓐグループだね！
C：見方によって，長方形はⒶグループになったり，Ⓑグループになったり
　するんだね。

　子どもに対角線の特徴調べを委ねたとき，「2本の対角線がそれぞれの中
点で交わる」という特徴に子どもだけでたどり着くのは難しいかもしれませ
ん。もし子どもが気付かなければ，視点を与えよう
と考えていました。

　最後に，仲間分けするときに使った3つの視点で，
四角形を表に整理させました。

①対角線の長さが等しい
②2本の対角線がそれぞれの中点で交わる
③対角線が垂直に交わる

　対角線の特徴についての新しい見方が出てくる度に，新しい見方（対角線
の特徴）で各四角形を見直すことになります。少し時間はかかりますが，全
員に経験させることが大切です。「長方形は見方によってグループが変わる」
といった柔軟な見方ができる子にしたいという思いも込めた1時間です。

【参考文献】
『「見方・考え方」を働かせる算数授業〜領域を貫く10の数学的な見方・考え方の提案〜』本創
研著，瀧ヶ平悠史編著（東洋館出版社）

きまり発見！
表に整理し，また発見しよう

板書

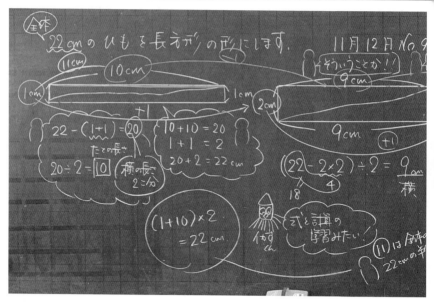

板書ポイント❶

授業を３つの段階に分けてイメージし，板書がこの３つの段階でつながるよう意識しました。

①場面を図と式で解釈する

②図からきまり（たてと横の長さの増減）を見付け，表に表す

③表から新たなきまり（たてと横の長さの和が一定）を発見する

（関連スキル▶7）

　図から入り，きまり（たてと横の長さの増減）に気付いたところで，表に整理します。表に整理することで，見付けたきまりが分かりやすくなります。それだけでなく，別のきまり（たてと横の長さの和が一定）が見えるようにもなります。このきまりは，図に表しただけではなかなか見えません。表にすることで新たなきまりが見付かるという展開は，子どもに表にするよさを感じさせることにもつながります。

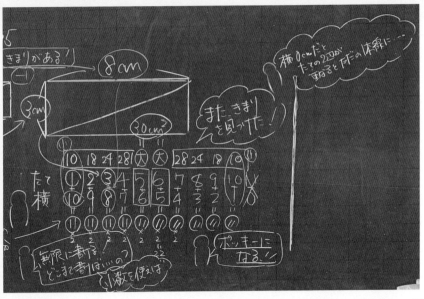

一部の子の考え（きまりを表に表す）を途中まで板書し，続きを他の子に考えさせたり，表から気付いたことを図で表現させたりする。（関連スキル ▶ 8）

授業の流れ

【本時のめあて】

　長方形のたてと横の長さの関係を表に整理することを通して，２つの数量の和が一定になっていることに気付く。

❶場面を図と式で解釈する（13分）

> 22cmのひもを長方形の形にすると，どんな長方形ができるかな？

Ｃ：えっ，色々な長方形ができるんじゃない？

Ｃ：うーん。うまくできないなあ。

　長方形をうまく作れずに困っている子が多くいたため，困っていることを全体で共有することとしました。

Ｔ：たての長さを１cmにしようとしていた子がいました。でもこの子はここで止まってしまい，困っていました。この子の気持ちが分かるかな？

Ｃ：横の長さを何cmにすればいいか分からなくなったんじゃない？

Ｃ：私も数値は違うけど，同じことで困っていたよ。

Ｃ：横の長さは計算で出せるよ。全体からたての長さを引けばいいんだよ。

Ｃ：22－（１＋１）＝20，20÷２＝10で10cmだよ。

　分からないことや困っていることを話題にすることで，全員を巻き込みながら進めていきます。

Ｔ：今言ってくれた式の中で，分からない部分がある人はいますか？

Ｃ：（１＋１）って何？

C：たての長さが１㎝で，それが２つあるから１＋１なんじゃない。

C：そっか。全体からたての長さ２つ分を引いて，それを２で割れば横の長さ１つ分が出せるってことだね。

C：僕は，（１＋10）×２＝22って考えたよ。

　考え方が分かれば，あとは同じように長さを計算して求めていくだけです。自分で決めた大きさの長方形を完成させるよう指示します。

Ａさん：たて２㎝で横９㎝　　　Ｂさん：たて３㎝で横８㎝

❷図からきまりを見付ける (12分)

C：おもしろい！　きまりがあるよ！

T：きまりがあると言っている人の気持ちが分かるかな？

　ここで，まだ見えていないという子たちにヒントを出させることにしました。ただし，声を出さずに動作だけで伝えるよう指示をしました。

　指名された子は，下の板書で示したように，たての辺を１㎝⇒２㎝⇒３㎝と順に指さした後，横の辺を10㎝⇒９㎝⇒８㎝と順に指さしました。

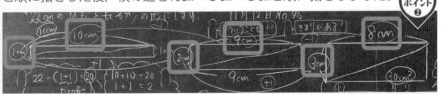

　多くの子にきまり発見の喜びを感じさせ，それを言語化させることをねらい，ジェスチャー説明を取り入れました。非言語で伝える活動を取り入れたことで，その子の考えていることが分かったとき，その分かったことを表現したいというエネルギーが生まれます。言語化したくなる，つまり言いたいというエネルギーへと変わったところで，それをペアで表現させ，その意欲

をもったままノートにも表現させることにしました。

❸見付けたきまりを表に表す（10分）

　活動❷の際，ノートに表のように数を並べて整理している子がいたので，その子の考えを全体に共有することにしました。

　下の写真で囲んだ部分のように，たて１～３cmのところのみ書いて提示し，その続きは他の子たちに考えさせようと試みました。

C：だったらこの表には続きがあるんじゃない？

T：続きがあると言っているけど，この続きを書けそうかな？　ノートに続きを書いてみましょう。

　その後，１人を指名し，表の続きを板書させました。

C：たての長さが11cmってダメじゃない？

C：たてが11cmのときって横は０cm。長さがない。

C：横が０cmだとたての２つの辺が重なって，ただの１本線になるよ（右の写真）。

C：そっか。じゃあ，たての長さは，整数の範囲では10cmまでだね。

❹表から新たなきまり（たてと横の長さの和が一定）を発見する（10分）

　ノートに表の続きを書いていた際に「ポッキーみたいだ！」「新しいきまりを見付けた！」とつぶやいていた子がいました。そのときは，「おもしろいことに気付いたね。あとで教えてね！」と話しておき，ここで取り上げる

ことにしました。

T：さっき○○さんが「ポッキーみたい！」って言っていたのだけど，この
　　表の中に「ポッキー」なんてあるかな？

C：たてと横を足すとポッキー
　　になるよ。

C：あっ！　本当だ！　ポッキ
　　ーって11になるってことか。

C：どこも全て11cmになるね。

C：11cmになる理由が分かった！　さっきの（1＋10）×2の（1＋10）の
　　部分が11でしょ？　たてと横の長さを合わせるといつも11cmでそのペア
　　が2組あるから全体が22cmなんだよ。

C：そっか。全体の長さはたてと横のペアが2組分だから全体を2で割ると，
　　たてと横の長さをたした長さになるってことだね。

C：いつも11cmになるのには，意味があったんだね。

C：表にすると，きまりが見えやすくなるね。

　この授業では，全体の学びを揃えながら，少し先が見えている子の考えを
全員で解釈する場を作っていくというサイクルを回していきました。

　表に整理するという考え方を子どもから引き出すことができました。実際
に子どもが書いていたのは，「表」というには少し遠い表現でしたが，それ
を全員で解釈して広げていくことで，「表」という形へと高めていくことが
できました。自分たちで表を完成させていく中で，さらにきまりが見えるよ
うになったという子も出てきて，学級全体の思考が加速しました。

　本時は時間の都合上，式化までは行いませんでした。表に表すよさに気付
かせ，次時で式化させました。

足りないからこそ動き出す！
二次元表を完成させよう

板書

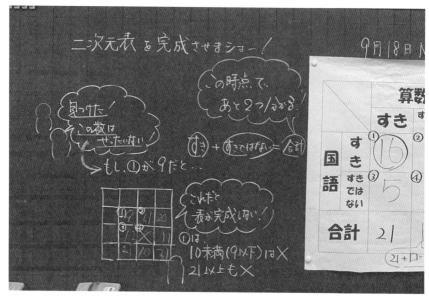

**板書
ポイント
❶**
情報不足の表を提示し，子どもが問題に対して自ら働き掛けていく余地をつくりました。必要に応じて，子どもに黒板を使って表をかかせるようにしました。（関連スキル▶6・8）

　教科書の問題は，4つの情報を示してあり，そこから計算で必要な残りの数値を求めていくというものです。今回は，二次元表のしくみをまだ理解し切れていない子が数人いることを考慮し，表の見方も丁寧に振り返りながら進めたいと考えました。そこで，3つの情報のみを提示することで，求めることができる部分を限定し，表の合計の数を解決した後，子どもの視点が表の①～④に向くように展開しました。

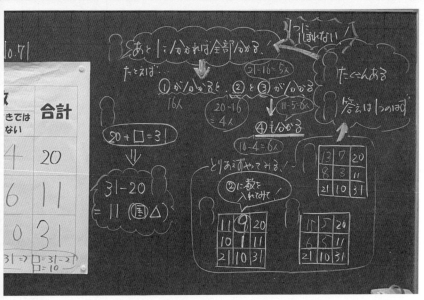

子どもが問題に働き掛けることで発見したことや「もし～だったら」と仮定して考える姿を期待し，そのような姿が見られた場合に吹き出し等で可視化することを意識しました。

（関連スキル▶1）

授業の流れ

【本時のめあて】

　情報不足の二次元表を完成させる活動を通して，二次元表のしくみの理解を深める。

❶表の合計欄を埋めさせる（10分）

　あらかじめクラス全員にとったアンケート結果を表にして提示します。その際，右に示したように，３か所のみ数値を入れた情報不足の表を提示します。

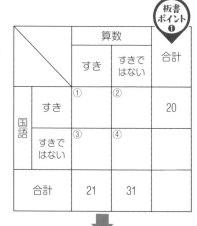

C：先生，全部埋まっていないよ。

T：全部埋まっていないと困る？

C：困るよ！

C：いや，この時点であと２つ分かるよ！

C：合計のところの２つは計算で出せる。

T：合計のところというのは，どこのことかな？　全員で指さしましょう。合計の空いている２か所が計算で求められることを隣の人と確認したら座りましょう。

　このように，与えられた情報から計算で導くことができる部分を全体で考えていきます。スモールステップで進んでいけるように，最初に与える情報は合計の３か所に留めました。

❷「あと１個分かれば……」という考えを解釈する　(15分)

T：まだ埋められるところはあるかな？

C：もうないよ……

C：あと１個分かれば全部分かるよ。先生，あと１個教えて！

C：いや，何も分からなくても予想できるよ！

　今回の授業は，ここが１つの分かれ道でした。「１個分かれば全部分かる」という意見と「何も分からなくても予想できる」という意見のどちらを先に取り上げるかで悩みました。ここでは，全体の学びを揃えることを意識し，比較的考えやすい「１個分かれば全部分かる」という考えから，全体で解釈することとしました。

T：「あと１個分かれば全部分かる」というのは，どういうことかな？

C：たとえば，表の①が分かれば……

T：ストップ！　全員立ちましょう。○○さんの発言の続きを隣の人と確認します。確認できたら座りましょう。

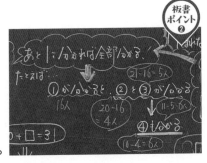

　「１個分かれば全部分かる」という意見の解釈をペアで確認した後，全体で考え方を共有しました。また，このペアでの確認をしている際，あるペアがおもしろいことに気付いていました。全体の学びを進めることにつながると判断し，取り上げることにしました。

C：おもしろいこと見付けた。①に入る数で，この数は絶対にないっていう数がある。

C：もし，①が９だったら……

T：ストップ！　みんなも①に９を入れて試してみよう。

C：あ〜，そういうことか。

C：②が11になって，④に数が入らなくなってしまうんだ。

C：9だけじゃなくて，10未満（9以下）の数は全部うまくいかなくなるよ。

C：21以上もダメだね。①に入るのは，10〜20だね。

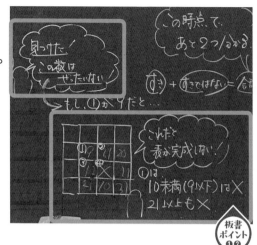

❸「何も分からなくても……」という考えを解釈する（15分）

T：さっき「何も分からなくても予想できる」って言っていた人がいたよね。どういうことかな。

「何も分からなくても予想できる」という発言が子どもから出なかった場合には，「本当に（①〜④の中から）あと1個分からないと表は完成しないのかな？」と揺さぶり発問をすることも考えられます。

> 子どもは，表の①に様々な数を当てはめて考えていました。
> Aさん：11　　Bさん：13　　Cさん：15　　など

C：①は，10〜20までの数なら何でもうまくいくんだね。

T：じゃあ，あと1個分からなくても表は完成するね。

C：でも，うちのクラスの答えは1つのはずだよ。

C：たくさんありすぎて結局1つにしぼれないよ。

C：やっぱりデータは1個必要だね。1個決まらないと答えがたくさんになってしまうね。先生，どこでもいいからあと1個データを教えて！

❹二次元表の残りの部分を完成させる (5分)

　①が16であることを伝え，表の残りの部分を埋めて二次元表を完成させます。

C：できた。表の数値はきれいに埋まったよ。

T：今日の授業でなるほど！と思ったことや疑問に思ったことを簡単に発表してください。

A児：4か所分かれば二次元表は完成させられる。（気付き）
B児：4か所の場所はどこでもいいのか？（新たな問い）
C児：場所によっては3か所でもできるのではないか？（新たな問い）

　学習後の振り返りを書かせる時間はなかったため，数人に気付きや新たな問いを表出させ，自主学習への意欲付けをして授業を終えました。

　今回の授業はスモールステップを意識し，全体の学びを揃えながら進めていきました。

　情報不足の問題提示は私自身よく用いる工夫です。情報をあえて不足させることで，子どもが自ら問題に働き掛ける姿を引き出すことができたり，知的好奇心を揺さぶり，意欲を喚起させたりすることができます。

　①～④の数値はあえて最後まで提示しないようにしました。そうすることで，子どもが自ら「たとえば……」と数値を決めて考え出す姿が期待できます。多様な数値設定を子ども自らが行うことで，二次元表を完成させるために，多くの計算をしたり，二次元表のしくみに触れながら考えたりすることにつながります。

パチンナンバーゲームを通して公倍数を学ぼう

板書

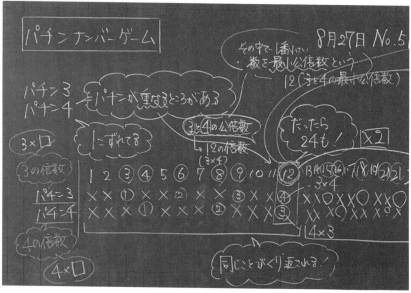

板書
ポイント
❶

きまりにかかわることで子どもが気付いたこと，つぶやいたことなどを吹き出しで板書していきました。気付きを板書することで，一部の子どもの気付きが全体へと広がっていきます。

（関連スキル▶1）

　ゲームの中にきまりを仕組むことで，子どもはゲームを通して楽しく学ぶことができます。ここでは，楽しいで終わってしまうことのないように，「ゲームの中で見付けたきまり」を「学び」へとつなげていくことを意識しました。そのためには，一部の子どもの気付きを全体に広げてさらに考えさせたり，考えたことや発見したことを価値付けたりしていくことが大切になります。

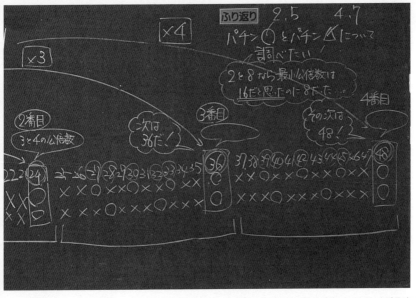

板書
ポイント
❷

今回は，子どもが説明する際に黒板に図を描くことも想定して，黒板の下の方のスペースを空けておきました。図を描くという必要性を子どもが感じたときに，図を描けるように板書を構想しました。（関連スキル▶8）

【本時のめあて】

　パチンナンバーゲームを通して，倍数や公倍数，最小公倍数の意味と見付け方を理解する。

❶ゲームから問いを見出し，全体の問いにする (10分)

　第1時では，奇数と偶数について学習しており，本時は倍数や公倍数，最小公倍数について学ぶ1時間目となります。

> **【パチンナンバーゲーム】**
> （例）パチンナンバー「2」のとき
> ドン・パチン・ドン・パチン……というように，1・2・1・2の「2」のときに手を叩く（ドンのところは机を叩く）。

T：パチンナンバーゲームをしよう。
　①パチンナンバー2を全員でやる
　②パチンナンバー3を全員でやる
　③パチンナンバー4を全員でやる
　④パチンナンバー3と4を代表の2人でそれぞれ同時にやる
　パチン3
　ドン・ドン・パチン・ドン・ドン・パチン・ドン・ドン・パチン・ドン・ドン・パチン・ドン……
　パチン4
　ドン・ドン・ドン・パチン・ドン・ドン・ドン・パチン・ドン・ドン・ドン・パチン・ドン……
C：あっ。「パチン」が重なるところがある。
T：たまたまでしょ？

C：いや，絶対に揃うはずだよ。だって……

T：ストップ。絶対に揃うはずだと言っているんだけど，気持ち分かる？

C：ちょっと分からない。どういうこと？

C：気持ち分かるよ。説明したい。

　　ゲームから入り，きまりが見え始めたところで，少数派の気付き（問い）を全体の問いへと変えていきます。分かるという子と分からないという子の間のずれを埋めていくためにも，問いを共有していくことは大切です。

❷気付きを図で表現する（15分）

　　子どもは，最初のうちは口で説明していましたが，うまく伝えられずにいました。ここで図表現の出番です。子どもが動き出せないようなら教師から「言葉だけだとよく分からない」などと働き掛けることも必要です。

C：先生，黒板に図を描いてもいいですか？

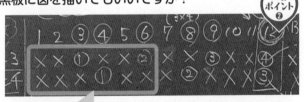

ここまで描かせて，続きを全員に考えさせました

T：（×と〇の意味を確認した上で）この図でどんな説明をしようとしているのかな？　この図の続きをノートに描いてみよう。

C：12番目で重なるってことだね。

C：おもしろい。かけ算になっているよ。

C：パチンナンバーと12までの〇の数をかけると，どちらも12になる。

C：12番目を見ると，パチンナンバー3は3×4＝12で，パチンナンバー4は4×3＝12になっている。

図で表すように指示をしなくても，図の必要性を感じた（言葉だけでは伝わり切らない）ときに，子どもは図を用いて説明し始めます。今回は×と○で表現しましたが，「パ」と「ド」で表現していた子もいました。

❸見付けたきまりを広げて考える （12分）

　12番目で重なることが見えた子どもの中には，その先に目を向け始める子が現れるはずです。もしいなければ，「たまたまではないか？」と揺さぶることで，先に目を向けるよう働き掛けます。

C：だったら，次は24だね。
T：次は24……気持ちが分かるかな？
C：12の２倍が24だからじゃない？
C：12番目までと同じことがくり返されるんだよ。

　ここで，ペアで確認する時間を取りました。大切にしたい部分では，話させたことをノートに整理する時間を取ることもあります。全員を立たせて，お互いに理解ができたペアから座ってノートに整理させます。

❹他の場合について試す （8分）

　最後に，子どもの気付きと結び付けながら倍数や公倍数，最小公倍数という用語の意味を教えました。

T：今日の学びを他の数でも試してみよう。自分でパチンナンバーを２つ選んでノートに書いてみましょう。

C：「２と５」でやったら，最小公倍数は２×５＝10だった。同じだ。

C：「４と７」も４×７＝28が最小公倍数になったよ。やっぱりかけ算で出せるね。

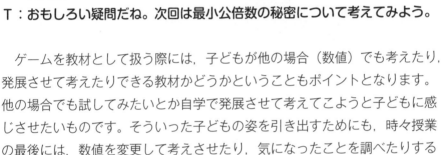

C：あれ？「２と８」でやったら最小公倍数は２×８＝16だと思ったのに，８だった……

T：おもしろい疑問だね。次回は最小公倍数の秘密について考えてみよう。

　ゲームを教材として扱う際には，子どもが他の場合（数値）でも考えたり，発展させて考えたりできる教材かどうかということもポイントとなります。他の場合でも試してみたいとか自学で発展させて考えてこようと子どもに感じさせたいものです。そういった子どもの姿を引き出すためにも，時々授業の最後には，数値を変更して考えさせたり，気になったことを調べたりする時間を設けることも大切です。

　そして，そこで出てきた子どもの気付きや新たな問いなどを価値付けます。今回のように，本時の学びを他の数（場合）でも試してみるということで，新たな問いが生まれることがあります。そこで出てきた新たな問いを次時に扱います。子どもの気付きや問いで授業がつくられていくというわけです。こういったサイクルを大切にして授業づくりを行うことも大切にしたいと考えています。

5年 合同な図形（5・6／7時間）

作図に必要な条件は何だろう

板書

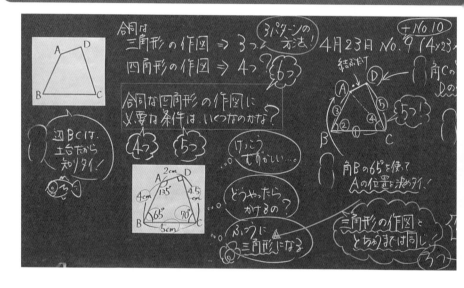

板書ポイント❶　作図方法の共通点や作図に必要な条件の数に着目しやすくなるように，図を横一列に並べて提示しました。（関連スキル▶3）

　合同な三角形の作図の際は，３つの条件で作図できたことから，四角形の場合は４つの条件が必要なのではないかと，多くの子どもは類推するでしょう。一方で，４つでは足りないのではないかと考える子もいます。この予想のずれから全体の問いをスムーズに作ることができます。合同な四角形の作図は，途中までは三角形の作図と同じです。三角形の作図が生かせそうだという視点をもたせておきたいです。

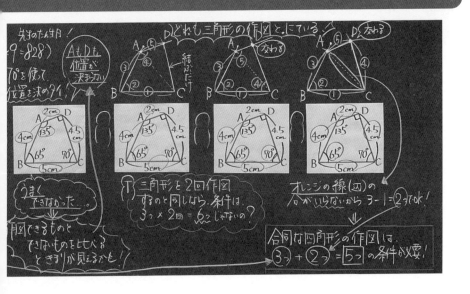

　合同な三角形と四角形の作図に必要な条件に関することを吹き出し等で可視化し，その両者のつながりを矢印で結んで関係付けることを意識しました。（関連スキル▶１・５）

【本時のめあて】

　合同な四角形の作図について，既習である合同な三角形の作図方法を生か
して考え，５つの条件で作図できることに気付く。

❶１時間目：問題場面を把握し，作図を試す（10分）

Ｔ：三角形は条件が３つ必要でした。四角形は条件がいくつ必要かな？

Ｃ：三角形のときは３つだったから，四角形は４つじゃないかな？

Ｃ：４つだとできないような気がする……５つかな？

　ここで，作図する際に必要だと考える情報を問いました。三角形のときと
同様に，土台となる辺ＢＣの長さは確実に知りたいとの声があがりました。

　この後，一度作図にチャレンジさせてみます。そして，そこで出てきた困
り方やうまくいったという声を拾いながら展開することにしました。

Ｃ：結構難しいなあ……どうやったらかけるんだろう？

Ｃ：何か三角形になった……

❷１時間目：作図方法を確認し，他の方法を考える（20分）

　子どもから「三角形を作図してしまった」という声があがりました。四角
形の作図は三角形をもとにして考えるとよいと想定しました。ここがポイン
トだと判断し，この発言をきっかけに全体の学びを進めようと思いました。

Ｔ：三角形になったという声が聞こえたんだけど，気持ちが分かるかな？

Ｃ：分かる。私もなった。途中まで三角形の作図と同じだからかな？

Ｃ：点Ａの作図は三角形と同じ。点Ａと点Ｃを結ぶか結ばないかの違い。

Ｔ：三角形の作図が生かせそうだね。この次はどうする？

C：角Cと辺CDを使って点Dの位置を
　　決めればいいよ。

C：角Aと辺ADを使って点Dの位置を
　　決める方法もあるね。

T：点Dの位置を決めればいいんだね。

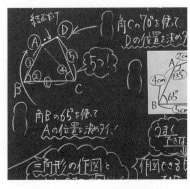

　困り方を共有し，内容を解釈する過程で
四角形の作図に必要な要素が見えてきます。
学びを揃えながら進めようと意識しました。この後は，個人で作図の続きに
取り組む時間を設け，その後全体で作図方法の確認をしました。

C：この方法だと5つの条件が必要みたいだね。

C：他の方法ってないのかな？　三角形のときは3パターンの方法があった
　　けど，四角形のときはどうなんだろう？　調べてみよう。

❸1時間目：作図の共通点について考える （15分）

　うまくいかなかった方法も含めてチャレンジした作図方法を発表させまし
た。作図に用いた条件（辺の長さや角度）に丸を付けるよう指示します。

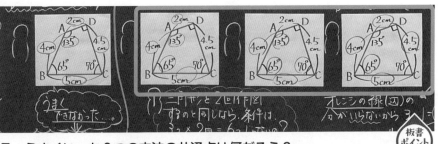

T：うまくいった3つの方法の共通点は何だろう？

C：どれも5つの条件を使って作図しているね。

C：角度を必ず使っているね。三角形のときは3つの辺の長さだけで作図で
　　きたけど，四角形だと辺の長さだけではできないのかな？

C：本当に作図することができるのか，他の人のアイデアも試してみたい。

T：ここで一度，ここまでのまとめをしたいと思います。

★合同な四角形の作図に必要な条件はどうやら5つみたいだ。

❹2時間目：友達の作図方法を試す（20分）

　まずは，友達の作図方法を試す時間を設けました。個人で作図の続きに取り組む時間を設けた後，全体で作図方法の確認をしました。全体での確認では，うまく作図できなかった方法についても取り上げます。頂点Aと頂点Dの位置が決まらないことを押さえ，作図できる方法との違いをつかませます。

❺2時間目：四角形の作図を，三角形をもとに捉え直す（20分）

C：どれも三角形の作図と似ているね。

C：点Aの位置を決めようと作図しているから三角形の作図と同じだ。

C：四角形を三角形2つに分けて作図しているみたい。そうすれば三角形の作図と同じように考えられる。

T：なるほど。四角形を三角形2つと見て作図するということだね。

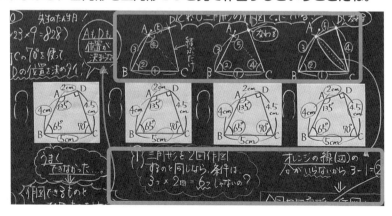

でも，三角形を２回作図するということなら，作図に必要な条件は３（つ）×２（回）＝６（つ）で６つになるんじゃないの？

C：言われてみれば不思議だね……何で５つで作図できるんだろう？

C：分かった！　点線の部分は作図に要らないからだよ。

C：三角形２つに分かれているけど，点線の部分は，実際は作図に使っていない線だから，３－１＝２で，２つでOKということだね。

C：点Aの位置を決めるには，条件が３つ必要だけど，点Dの位置を決めるには，条件は２つでいいから３＋２＝５で５つの条件が必要なんだ。

　三角形を２つ作図するのと同じだけど，条件が６つではなく５つで済む理由について，隣の人と確認します。確認できたら，話したことを自分なりにノートに整理させます（ペアトーク＋ノート整理で７分程度）。

> ★合同な四角形の作図は，３＋２＝５で５つの条件が必要。

❻２時間目：２時間分の学びを振り返る（5分）

> A児：四角形の作図は三角形を２つ作図すればいいという発言に納得した。対角線で分ければ四角形は三角形２つになる。でも対角線は作図しなくていいから５つの条件でいいんだと気付いた。

　今回は，「三角形を２回作図することと同じようだ」という気付きを子どもから引き出すことができました。そこで，「三角形を２回作図するなら，条件は２倍の６つ必要なのではないか？」と問い返すことで，四角形を三角形２つに分けるという視点について再考する場を設け，合同な四角形の作図条件が５つになることへと導くことにしました。様々な作図方法に触れさせたいと考え，今回は，合同な四角形の作図を２時間扱いとしました。

はさみうち！　円の周りの長さはどれくらいだろう

板書

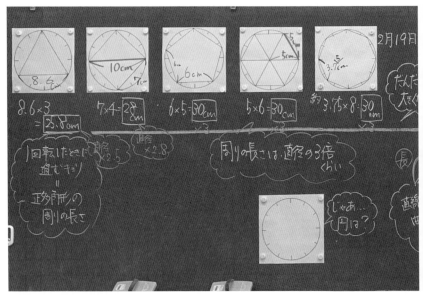

前時で用いた正多角形の図を横に並べて提示し，周りの長さを比較しやすくしました。円の周りの長さとしてふさわしいのはどのあたりかという話題の際にも，横並びになっていることが生かされます。（関連スキル▶3）

　単元名の通り，複数の正多角形と円を関連させながら円の周りの長さに迫っていく展開にしました。時計のように円周を12等分した図形を用いることで，登場する正多角形の数を制御できる上，少しずつ円に近付いていくという状況を生み出しやすくなると考えました。

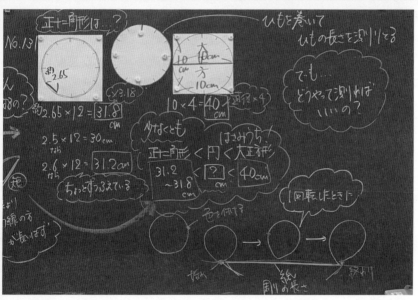

今回は，子どもが説明する際に黒板に図を描くことも想定して，黒板の下の方のスペースを空けておきました。子どもに板書の一部を委ねることで，子どもはよりアクティブになります。

（関連スキル▶8）

授業の流れ

【本時のめあて】

　円に内接する正多角形や円に外接する正方形の周りの長さを用いて円の周りの長さについて考え，円の周りの長さは直径の３倍から４倍の間になることに気付く。

❶前時までの確認と正十二角形の周りの長さを求める（10分）

> 　前時は，コロコロレースと題した図形の周りの長さ比べを行っています。子どもは，角の数が増えると周りの長さも増えるのではないかと予想し，正十二角形（12等分された円のため，最大は正十二角形）ならどうかという問いをもちました。正十二角形の周りの長さは30㎝よりも長くなるかを問うたところで授業を終えていました。

　本時では，まず前時で話題になった正十二角形（外接円の直径10㎝）を描いて，周りの長さを計算させます。段々と周りの長さが長くなっていることや角の数と周りの長さが関係していそうだという気付きを引き出します。
※なお，作図がメインではないので，前時同様，円周を12等分した直径10㎝の円を配付し，点と点を結ぶだけにしてあります。

❷円の周りの長さについて考える（25分）

　次に円を提示します。「円は辺がないため周りの長さを計算できない」と，子どもは困っていました。

Ｔ：少なくともこれよりは大きいとか，これよりは小さいと言える図形はあるかな？

Ｃ：大正方（円に外接する正方形のことを自学級ではそうネーミングした）

よりは小さくなると思う。

C：円は正方形の中に入っているから円の方が周りの長さは短くなるね。

C：先生，それならたぶんこれより大きいという方も分かるよ！

T：それでは，円を横にスライドさせていくから，円の周りの長さとしてふさわしいと思ったところで手をあげてね。

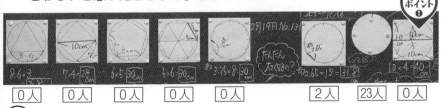

正十二角形に手をあげたのが２人。この２人は正十二角形とほぼ同じと捉えていました。そして，正十二角形と大正方（円に外接する正方形）の間で手をあげたのが23人。ほとんどの子が感覚的に大きさを理解していました。

ここで，感覚的な捉えを言語化させるようにペアトーク（手をあげた図形とその理由について隣の人と話す）を行いました。

C：正十二角形の１辺とその周りの円の部分を比べてみると，こうなりますよね？（下の写真の丸く囲んだ部分）だから直線よりも曲線の方が長くなるはずです。

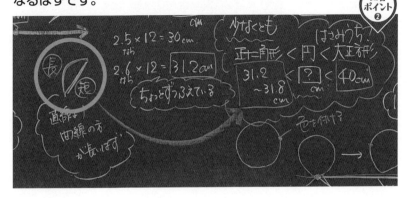

C：そうか！　図にすると分かりやすいね。

T：ここまで分かったことを一旦整理してみましょう。円の周りの長さは，正十二角形よりも長くて，大正方よりも短い。長さで言うと……

C：31.2～31.8cmよりも長くて，40cmよりも短いってことだね。

C：何か鬼ごっこの「はさみうち」みたい！　正十二角形と大正方で円をはさんでいるみたいだね。

　少なくとも○○よりも「①大きい」「②小さい」という2方向から円周の長さの範囲を捉えさせます。また，長さの範囲が広く，はっきりしないという点から，より詳しく調べる方法はないかという展開へとつなげます。

❸円の周りの長さを調べる方法を考える（10分）

　円周の長さをもっと正確に知りたいという声を拾い，調べる方法について話し合います。

C：円の1か所に色を
付けて，紙の上を
転がしていって，
1回目に付いたと
ころから2回目に
付いたところまで
が周りの長さにな
ると思う。

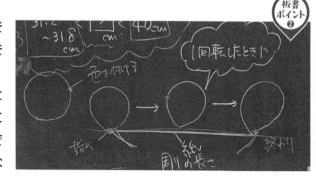

※子どもが板書しながら説明しましたが，足りない部分は私が加筆しながら説明させました。

C：それなら，円の周りにひもを巻いて，そのひもの長さを測ればいい。

　次時で，円周の長さを調べる方法を試してみることになります。

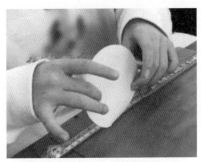

【次時の様子】

　左上の写真は，円の周りに糸を巻き付けて，その糸の長さを測るという
方法で円周の長さを調べている様子です。

　右上の写真は，円の1か所に印を付けて，1回転する長さを，定規を用
いて測るという方法で円周の長さを調べている様子です。

　円の周りの長さとしてふさわしいと思うところで手をあげさせるというよ
うなことはよく用いる手法です。全員が自分の立場（考え）を表明する機会
は大切にしています。選択肢を与えることで，どの子も挙手しやすくなりま
す。こういった機会を授業の中で意図的に設けることで，子どもの参加度は
上がります。

　そして，こういったときに必ずと言っていいほどセットで行うのが，考え
や理由を言語化させることです。今回は感覚的に理解していること（円の周
りの長さはどの図形の周りの長さに近いか）を言語化させることで，自分の
中ではっきりしていることやモヤモヤしていることが明確になると考えてペ
アトークを行いました。このとき，大切にしたいのは，全員がうまく話せな
くても構わないということです。ペアトークの後は，モヤモヤしている内容
やモヤモヤした気持ちを話題にして，全員で解明していく方向付けをしてい
くとよいと考えています。

図形当てクイズ！　図形を１つに 絞るヒントの出し方を考えよう

板書

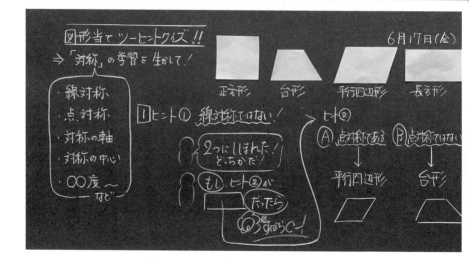

板書 ポイント ❶

３つの流れに対応するように板書を構想しました。

①クイズに用いる条件（「対称」に関するキーワード）の確認

②全員が答えられる難易度の問題（学習内容の理解と把握）

③②の問題の通りに考えると困難さがある問題（全員で追究する内容）

（関連スキル▶7）

　クイズを楽しみながら，四角形を「対称」という観点から見直すことをね
らいました。１問目は，全員が答えられるように少しやさしめにし，２問目
は，子どもが少し困るような内容にすることを意識しました。１問目での考
え方を２問目でも適用しようとする子どもが多くいます。そこが問いへとつ
ながるように意識しました。多くの子が話合いに参加しやすくなるように，
今回は四角形のみの問題にしましたが，難易度を上げるのであれば三角形を
入れることも可能です（ヒントが３つ必要な場合も）。

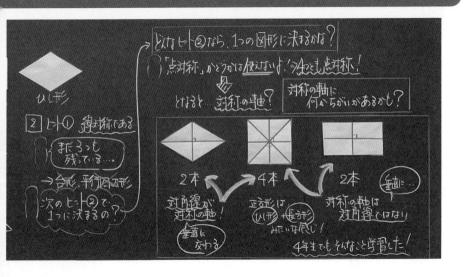

板書ポイント❷

　子どもの困っている様子や素朴な問い，何気なく発された気付
きなどについて吹き出しで板書しました。子どもの声を板書す
ることで板書の中にストーリー性が生まれます。

（関連スキル ▶ 1）

授業の流れ

【本時のめあて】

　図形当てクイズを通して，様々な四角形を線対称や点対称の観点で見直し，対称の軸や対称の中心を見付ける。

❶クイズに用いるキーワードを確認する（8分）

　対称の学習を生かした「図形当てツーヒントクイズ」を行います。今回用意したのは5種類の四角形です。

　図形当てクイズを通して，四角形を「対称」の観点から見直すことがねらいです。最初に，「対称」の学習を生かしたヒントというのは，どのようなキーワードが考えられるかといった視点から導入しました。子どもから出たキーワードは，右の写真の通りです。今回は，このキーワードから教師がヒントを出していくという展開にしました。

❷線対称・点対称の観点で四角形を見直す（12分）

Ｔ：第１問。ヒント①は「線対称ではない」です。

Ｃ：2つに絞れるよ。あれとあれのどっちかだ。

Ｃ：ヒント②で決まりそうだね。

Ｃ：もし，ヒント②が……

Ｔ：ストップ！　○○さんが言いたいことが分かるかな？　隣の人と話して

みよう。

C：ヒント②が「点対称で
ある」なら平行四辺形
だし，「点対称ではな
い」だったら，台形に
なるね。

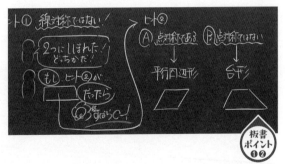

第1問では，ヒント①で図形を2つに絞れるようにしました。そうするこ
とで，「もし～だったら……」というように仮定して，ヒント②の条件によ
って場合分けしようとする考え方を引き出すことができました。

❸四角形の対称の軸について考える（20分）

T：第2問。ヒント①は「線対称である」です。

C：さっきとは逆で，台形と平行四辺形以外の3つに絞られたね。

C：次のヒント②で1つの図形に決まるのかな？

T：どういうことかな？

C：「点対称かどうか」というヒントでは，1つに絞れないってこと。

C：そうそう！　だって3つとも点対称だもん。

C：ってことは他のヒント……対称の軸とか？　何か秘密があるかも。

T：では，それぞれの図形に対称の軸を引いて比べてみましょう。

第2問では，ヒント①「線対称である」で図形が3つ残るようにしました。
子どもは第1問で出した「点対称かどうか」というヒント②を想起し，残っ
た3つの図形はどれも点対称であるため，図形が1つに決まらないのではな
いか？という問いをもちました。各図形の対称の軸について調べる時間を5
分程度設けました。

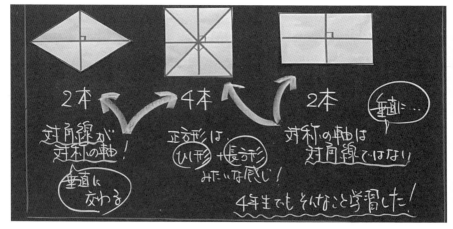

C：対称の軸の本数が２本と４本で違うね。

C：ひし形は対称の軸が対角線になるけど，長方形は対称の軸が対角線には
　　ならないよ。

C：正方形はひし形の特徴と長方形の特徴を足した感じだね。

C：対称の軸の交点が対称の中心になっているね。

C：何か４年生の図形の学習でもそんなことを学習した気がする。

　　ひし形と長方形の両方の特徴を併せもつ正方形を中心に配置し，その左右
にひし形と長方形を配置しました。４年「垂直・平行と四角形」の学習でも，
図形の辺の長さや角の大きさの特徴，対角線の特徴において，正方形は一番
特殊な図形だと学んできています。この「対称」の学習でも同様の関係になっ
たことに，子どもは気付いたのです。

❹自分で問題作りをする（5分）

　　学習内容を一通りまとめた後，三角形の図形当てクイズを自分で作ること
を振り返り問題としました。最初の時点で，自分たちで問題作りをすること
を期待していた子どもでしたので，意欲的に考える様子が見られました。

T：発見したことを生かして，自分で三角形の図形当てツーヒントクイズの
　問題を作ってみましょう。

　　　直角三角形　　　　正三角形　　　　二等辺三角形

子どもに書かせた内容は，以下の3つ。
①正解となる図形の名前
②ヒント①（対称にかかわる内容で図形が2個に絞られるヒント）
③ヒント②（対称にかかわる内容で図形が1個に決まるヒント）

（例）
①正三角形
②線対称である（⇒正三角形 or 二等辺三角形）
③対称の軸は3本ある

　図形の構成要素を用いた図形当てクイズは，「対称」の学習に限らず，1
年「かたち」の学習に始まり，いろいろな図形単元で行うことができます。
単元によっては，単元導入で図形当てクイズを行い，単元末に再度クイズ作
りをするということを目的意識として単元の学習を行っていくことも可能で
す。単元末で行う図形当てクイズでは，単元を通して学習した図形の構成要
素に関する内容を入れるようにすることで，学んだことを自覚しながら用い
るという経験をさせることができます。

ばらばらな２パターンから きまりを見付けよう

板書

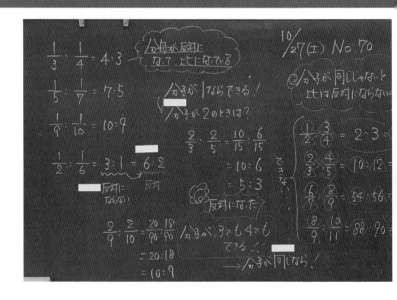

２つの流れに対応するように板書を構想しました。

①分子の大きさがどちらも等しいとき，分母の数が反対になって比として現れることに気付く（板書の左半分）。

②分子の大きさが等しくないとき，ななめにかけた数が整数の比として現れることに気付く（板書の右半分）。

（関連スキル▶7）

　別々のきまりだと思っていた２つのきまりが，実は関係していたというところにおもしろさがある教材です。今回は大きく３つのまとまりで授業を構想しました。①分子の大きさがどちらも等しいとき，分母の数が反対になって比として現れることに気付く。②分子の大きさが等しくないとき，ななめにかけた数が整数の比として現れることに気付く。③①と②で見付けたきまりを統合する。

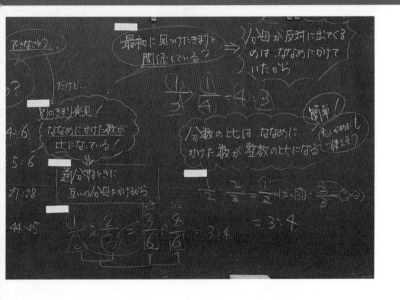

板書ポイント❷

　きまり発見の授業では，子どもの発見や素朴な問いなどが多く出てくることが想定されます。きまりに対する子どものつぶやきにアンテナを張り，吹き出しを用いて板書することで全体へと広めていくことが必要です。（関連スキル▶１）

授業の流れ

【本時のめあて】

　分数の比を簡単にする際に見付けたきまりについて，そのしくみを考えることを通して，分数の比の見方を深める。

❶分子が等しい場合のきまりについて考える (15分)

　分数比を簡単にする学習の復習と称し，下の4問を順に提示します。

C：あれ？　おもしろいよ。

C：分母が反対になって整数の比になっている。

C：でも，$\frac{1}{2} : \frac{1}{6} = 3 : 1$で反対になってないよ。

C：簡単な比になる前なら反対。どっちも2倍して$3 : 1 = 6 : 2$とすれば，分母の反対の比になる。

C：分子が1以外でもできるの？

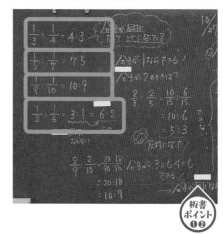

　子どもの思考に沿って，①分子が1以外の場合，②分子が等しくない場合，と順に進めていきました。②の分子が等しくない場合にはきまりが成り立たないことを確認しました。

分子が１という簡単な分数の比を整数比にするというやさしい場面から入ることで，全ての子どもが授業に参加できます。分子が両方とも１のときには，分母の数が反対になって整数比として現れます。このきまりは，問題を複数扱っていく中で多くの子が気付けるでしょう。

　なお，最初の活動では，多くの子がきまりに気付けるよう，あえて途中式を板書していません。このきまりは分子が１以外でも成り立つのか？という子どもの発想は自然なものであると言えます。

❷新たなきまりについて考える（23分）

C：代わりに別のきまりを発見したよ。

T：○○さんが別のきまりを発見したらしいんだけど，きまりが見えたという人はいるかな？

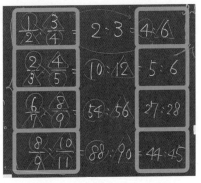

　見えた：6人　　見えない：32人

C：ななめにかけ算をすると……

T：ストップ。言いたいことが分かるかな？　隣の人と確認してみよう。

C：○○さんは，分数の比をななめにかけ算して出てきた数が整数の比になっているってことが言いたかったんだと思う。

C：でもどうしてだろう？　不思議だ……

　分数の比を簡単にする過程に再注目させることで，きまりが成り立つ理由に気付かせたいと考えました。

C：あっ！　分かった！　通分するときに互いの分母をかけるからだよ。

C：ん？　どういうこと？

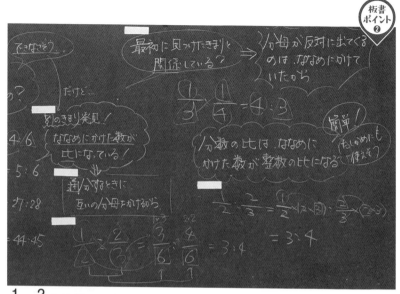

C：$\frac{1}{2}:\frac{2}{3}$ を簡単にするときに，通分するでしょ。通分するときって分母の
　　2と3の最小公倍数6に揃えるよね。そのときに，$\frac{1}{2}$ なら反対の分母の
　　3を分子分母にかけるし，$\frac{2}{3}$ なら反対の分母の2を分子分母にかけるで
　　しょ？

C：私も似ているけど，どっちの分数にも，両方の分母の数，ここでは2と
　　3をかけ算すれば分母は約分されて1になるよね？　残った（1×
　　3）：（2×2）＝3：4ってななめにかけ算しているのと同じことだよ
　　ね。

C：あー。そういうことか。通分するときのしくみが関係しているってこと
　　だね。

❸2つのきまりを統合する（7分）

C：もしかして，今のななめがけのきまりって最初に見付けた分母が反対に
　　出てくるきまりと関係あるんじゃない？

C：えっ？　どういうこと？

T：おもしろいことを言い始めたね。最初のきまりって，分子が等しいとき，分母を反対にした比が整数の比になるきまりのことだね。

ここに気付ける子はいないかもしれないと思っていたため，教師側から授業を最初から順に振り返らせようと考えていました。しかし，気付いた子がいたため，その子の発言に乗っかる形で進めることにしました。

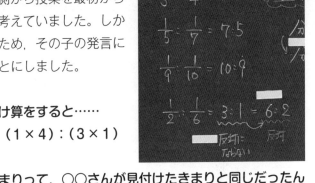

C：これもななめにかけ算をすると……

C：あっ！　そっか！（1×4）：（3×1）＝4：3だ。

C：最初に見付けたきまりって，○○さんが見付けたきまりと同じだったんだ！　別々のきまりじゃなくて同じきまりだったのか……おもしろいね！

　活動❷で別のきまりに気付かせることができるかがポイントになります。そのために，途中式を確実に板書しておくことと，きまりが成り立っているかどうかを確認する際に，式の中の数値を子どもに注目させるというやりとりがキーになると思います。

　この❷のきまりが成り立つ理由については，ぜひ子どもに考えさせたいです。このきまりは通分のしくみが関係しているので，分数の比を簡単にするという過程でどんなことが数の操作として行われているのかということを振り返る場面にもなります。

　そして最後には，❶のきまりに立ち返ることで，❷のきまりと同じことが❶でも行われていたということに気付くことができます。このように別々に見えていたものが，よく見たら同じだったという発見は感動的です。このような経験によって「算数っておもしろい！」と感じる子もいるでしょう。

じゃんけん，
どちらが勝ちやすいだろう

板書

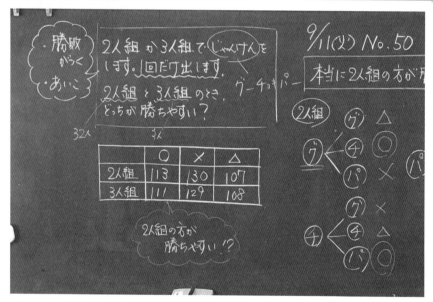

①問題，②２人組を調べた結果，③３人組を調べた結果というように，黒板を３分割して整理しました。（関連スキル▶7）

　子どもにとって身近な「じゃんけん」を教材として扱いました。誰しもが，人数が多い方が勝ち負けがつきにくいという感覚をもっています。それにもかかわらず子どもは大勢でじゃんけんをしがちです。2人組と3人組では，2人組の方が勝ちやすいと考える子が多いですが，実際に調べてみると2人組と3人組の勝ちやすさは同じです。ここで新たな問いが生まれます。このように問いが連続する授業を目指しました。

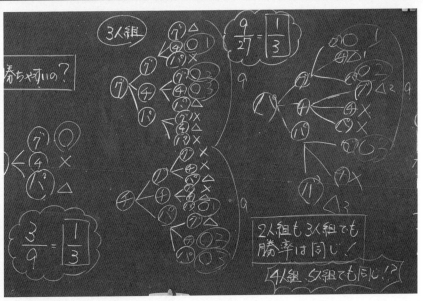

　問いが連続する授業を目指したので，主に子どもの問いや素朴概念にかかわる内容を吹き出し等で可視化することを意識しました。（関連スキル▶1）

【本時のめあて】

　２人組と３人組のじゃんけんでの勝ち負けについて，どちらが１回のじゃんけんで勝ちやすいかを比べる活動を通して，落ちや重なりなく調べる方法（樹形図）についての理解を深める。

❶実際にじゃんけんをした結果を整理し，問いをもつ（15分）

　給食の残り物じゃんけんをしているときの２枚の写真を提示します。

　　１枚目…大人数でじゃんけんをしているときの写真

　　２枚目…２人組に分かれてじゃんけんをしているときの写真

Ｃ：大人数でじゃんけんをしているね。なかなか決まらないんだよね。

Ｃ：２人組になると，わりとすぐに決まる。

Ｃ：人数が少ない方がじゃんけんは勝ち負けが決まりやすいんだね。

Ｔ：では，２人組と３人組では，２人組の方が勝ちやすいと言えるかな？

Ｃ：たぶんそうだと思う。

Ｃ：いや，意外と３人組もあまり変わらないとか？

Ｃ：実際にやってみたい。

　２人組と３人組に分かれ，各自10回ずつじゃんけんをさせました。その結果を表に整理しました。ここでは，「あいこ」も１回分としてカウントすることを確認します。

	○	✗	△
2人組	113	130	107
3人組	111	129	108

板書ポイント❶

2人組の方が勝ちやすい!?

Ｃ：２人組も３人組もほぼ変わらないね。

Ｃ：でも，少しだけど，２人組の方が勝ちやすい結果になっているよね。

Ｃ：えー，誤差なんじゃない？

実際の授業では，小差ではありましたが，２人組の方が勝ちやすいという意見が優勢となったため，「本当に２人組が勝ちやすいと言えるのか？」という問いを設定しました。

　実際のじゃんけんの結果次第では，３人組の方に意見が偏るかもしれませんし，どっちも変わらないのではないか？という意見に落ち着くかもしれません。その際も，「本当にそうなのか？」と思考に揺さぶりを掛けることで，実際に樹形図を用いて確かめる流れへともっていけるでしょう。

❷樹形図を用いて，２人組と３人組の勝ち方を調べる (20分)

　算数を苦手にしている子がこの時点でついてこられなくなってしまう可能性があったため，「２人組」は全体で進めていくことにしました。

T：まずは，２人組について樹形図でじゃんけんの出し方と結果を整理しましょう。自分がグーを出したとすると，相手の出し方は何通りですか？

C：グーに対しては，グー・チョキ・パーの３通りだね。

C：チョキとパーに対しても同じように３通りずつあるよ。

C：ということは，全部で３×３で９通りってことだね。

C：勝っているのは，グー・チョキ・パーで１つずつだから３通りだね。

C：９回中３回勝つから，$\frac{3}{9} = \frac{1}{3}$の確率で勝つと言えるね。

　確率の考え方は中学校内容ですが，子どもは日常的に割合に触れており，９回中３回勝つということを分数で表すことと確率を同じように捉えるのは自然な感覚なのだろうと考え，そのまま扱うこととしました。

T：同じようにして，３人組の
　　場合も調べてみましょう。
　　ちなみに，３人組の場合，
　　樹形図は２人組のときとど
　　こが変わるかな？

C：３人目がいるから，グー・
　　グーの後にグー・チョキ・
　　パーとさらに枝分かれする
　　ことになる。

T：続きを調べてみましょう。

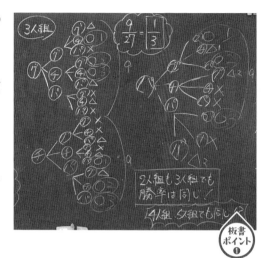

板書
ポイント
❶

　５分ほど時間を取り，その後全体で結果を共有しました。

C：３人組のときも，27回中９回勝つから，$\frac{9}{27}=\frac{1}{3}$の確率で勝つということ
　　だ。

C：ということは……２人組と３人組は勝率は同じってことだ。

❸４人組のじゃんけんについて考える（10分）

T：２人組も３人組も勝ちやすさは変わらないってことが分かりましたね。

C：人数が多くなっても勝ちやすさは変わらないってこと？

C：本当にそうかな？　人数が多いとあいこばっかで全然勝ち負けが決まら
　　ないイメージが強いよ。

　もし，人数が多い場合を考えようとする子どもが出てこない場合は，導入
で見せたじゃんけんの様子を再度想起させ，思考に揺さぶりを掛けます。

T：では，４人組のじゃんけんについても樹形図で調べてみましょう。

C：$\frac{21}{81}=\frac{7}{27}$だから……２人組や３人組のときよりも確率が低い。

C：やっぱりいつでも確率が
同じわけじゃないんだ。

C：4人組みたいに多くなっ
ていくと，1発で勝つ確
率は低くなるんだね。

C：もしかして，じゃんけん
にグー・チョキ・パーの
3つの出し方があるから
3人までは同じ確率で，
4人以上だと出すものが
被ってしまうからあいこの確率が上がるんじゃないかな？

C：ということは，きっと5人組のときはもっと勝てる確率が下がるってこ
とだね。自学で調べてみよう。

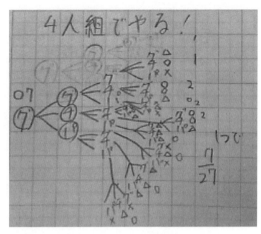

　日常よく目にする「給食の残り物じゃんけん」を想起して教材化しました。
子どもにとって身近な内容は，それだけで興味を惹きます。しかし，その動
機付けだけでは，子どもの意欲は続きません。そこには仕掛けが必要です。

　今回は，子どもの中に問いが連続するように，子どもの素朴な捉え（じゃ
んけんは少ない人数の方が決まりやすい）からスタートし，2人組と3人組
の結果（どちらも決まりやすさは変わらない）で思考を揺さぶり，4人組な
らどうかと調べたくなるように展開することを考えました。子どもが「え
っ!?」と思うようなずれを生むことができるような問題提示の工夫がポイン
トですが，その前にある「子どもはどのような概念（既習事項）をもってい
るか」ということの理解や把握はさらに重要だと思います。

　この授業をした後，子どもは少人数でじゃんけんをするようになるかと思
いきや，最初は大人数でじゃんけんをして，なかなか決まらないから少人数
でやろうという流れは変わりませんでした（笑）。結局のところ，子どもは
大人数でじゃんけんをしたい生き物なのかもしれませんね。

【著者紹介】
二瓶 亮（にへい りょう）
1989年新潟県生まれ。新潟市立上所小学校教諭。
新潟算数サークル MaC 代表。
新潟大学教育学部を卒業後，新潟市立万代長嶺小学校，新潟市
立浜浦小学校を経て現職。教員10年目。
「フォレスタネット」（授業準備のための指導案・実践例共有サ
イト）にて，板書写真を中心に，実践を多数投稿。同サイト内
にて行われた「フォレスタグランプリ」にて「板書王」，「ベス
トナイン（算数）」，「月間MVP」を受賞。
2020年に子どもに寄り添った算数授業をしたいと集まった5人
で新潟算数サークル MaC を立ち上げた。

算数科授業サポートBOOKS
子どもの思考をアクティブにする
算数授業の板書スキル&実践事例

2023年1月初版第1刷刊 ©著 者 二 瓶 亮
発行者 藤 原 光 政
発行所 明治図書出版株式会社
http://www.meijitosho.co.jp
（企画）中野真実・佐藤智恵（校正）nojico
〒114-0023 東京都北区滝野川7-46-1
振替00160-5-151318 電話03（5907）6703
ご注文窓口 電話03（5907）6668
＊検印省略 組版所 株式会社木元省美堂

本書の無断コピーは，著作権・出版権にふれます。ご注意ください。

Printed in Japan ISBN978-4-18-357628-6
もれなくクーポンがもらえる！読者アンケートはこちらから